约翰·怀特教育文集

丛书主编 石中英

教育与工作的目的
——对工作和学习的新哲思

〔英〕约翰·怀特 著

John White

迟艳杰 译

EDUCATION AND
THE END OF WORK
A New Philosophy of
Work and Learning

教育科学出版社

·北京·

迟艳杰教授与约翰·怀特教授夫妇

在伦敦大学学院教育学院一楼

此照片摄于2016年

献给路易丝

丛书序言

我很荣幸有机会为"约翰·怀特教育文集"撰写序言。这套文集囊括的中文版著作和论文对应的外文版著作和论文是我在教育哲学领域主要的研究成果，它们的问世时间集中在 1982—2016 年。未来，它们将悉数被翻译成中文出版，对此，我的内心充满感激和期待。我希望这套文集能够引起中国的教师、教育学专业的学生、教育研究者和教育决策者的兴趣。我们生活在一个距离日益缩小的世界中，这使得跨越国界乃至洲界分享思想的机会日益增多，我很高兴目睹这一切并亲身参与这一全球性变革。我年轻时身处一个半封闭的族群之中，周围所见皆是白人面孔，很少能与世界上其他地区的人交流并建立联系，来自东亚地区的朋友更是一个也没有，那时的我无法想象在我的有生之年人们的视野可以像今天这样开阔。

这也是我得知石中英教授意欲组织翻译并出版这套文集时非常高兴的一个原因。石中英教授现任清华大学教育研究院院长、博士生导师，也是中国的全国教育哲学专业委员会主任委员。我和石中英教授已认识多年，我一直对他怀有很深的敬意。2000—2001 年，他在伦敦大学教育学院（2014 年与伦敦大学学院合并，更名为伦敦大学学院教育学院）访学时我认识了他。非常感谢他牵头组织了这项并不轻松的文集翻译工程，积极推动这套文集出版。

除了感谢石中英教授之外，我还想感谢李玢博士。李玢博士是教育科学出版社的前社长，也是《再论教育目的》①（*The Aims of Education*

---

① 中文版图书的书名以正式出版物的书名为准，下同。

Restated）早期中译本的责任编辑。她于 1989—1990 年在伦敦大学教育学院做访问学者，那时我经常看到她，也正是她激起了我想要更多地了解中国、中国人以及中国文化的欲望。在这里，我也要向李永宏、沈昌胜、刘瑀、励达广和桑新民教授等人表达感谢，感谢他们为《再论教育目的》早期中译本的出版所付出的种种努力。

　　《再论教育目的》试图用哲学的视角探讨学校教育的目的应当是什么以及不同的教育目的之间如何关联。据我所知，这是第一本集中探讨"教育目的"这个主题的专著，这也许会让人感到惊讶。我在该书开篇部分批判了当时一个主流的观点，即教育具有内在目的，其与出于自身之故而追求有价值的活动有关。我接着探讨了教育在帮助人们创造条件，使每个人都能过上一种充实的生活方面所能发挥的作用，以及这些意味着什么。我在这本书中指出，教育不仅要关注个体的幸福，还要关注整体的社会福祉，这与此书的一个主题有关，即教育的经济目的应当是什么以及这类目的怎样与增进人的幸福相关联。该书的另一个主题是在一个目的——在逐渐扩大的范围内促进人们对他人幸福的关心——的指导下开展教育，例如，首先在家庭和当地社区中开展道德教育，进而扩展到国家层面的公民责任教育等方面。就道德教育的途径而言，英国的一些理想主义者和格奥尔格·威廉·弗里德里希·黑格尔（Georg Wilhelm Friedrich Hegel）对"社群关系"的重视启发了我，具体内容可参见我与彼得·戈登（Peter Gordon）合著的《作为教育改革者的哲学家》（*Philosophers as Educational Reformers*）一书。在《再论教育目的》这本书中，我用了很大的篇幅论述各种教育目的之间的关系，包括个人的目的、道德的目的、经济的目的和公民的目的。所有这些交织在一起就形成了对受过教育的个体整体形象的描述。这又引出了其他一些主题，例如灌输、终身教育以及是否针对不同的学生应该有不同的教育目的等。我在这本书的最后一章探讨了教育目的的实现途径，这不仅涉及学校以及其他教育机构可以做些什么，也涉及整个社会需要做出哪些改变。

1997 年，我出版了《教育与工作的目的：对工作和学习的新哲思》（ *Education and the End of Work: A New Philosophy of Work and Learning* ）一书，感谢沈阳师范大学迟艳杰教授着手翻译这本书。在这本书中，我进一步阐述了我在《再论教育目的》中提及的教育的经济目的，尤其是职业目的。此外，我还讨论了教育应当在使年轻人为今后的职业生活做准备方面发挥何种作用，以及工作在生活中是否最优先，因而可以排在一切活动之首等问题。针对这些问题，我首先澄清了工作的本质。很多工作都是有报酬的，有一些工作是我们不得不去做的。然而，并非所有工作都是如此，比如，一位热爱写作的业余作家夜以继日地写小说和写诗。在论述了不同工作有所区别之后，我就工作在生活中的地位展开了分析，探讨了汉娜·阿伦特（Hannah Arendt）等哲学家的观点。很多哲学家都认可工作在生活中居于中心地位的观点，多数人认为劳动是人的本质的一部分。这些观点反映了一种现象，即由于受到新教工作伦理的影响，在英国和北美等地的文化中工作都处于中心地位。但是，工作处于中心地位是对的吗？我们应当将活动而非工作视为我们人类本质的核心吗？这些导向了对发达的工业社会中工作的前景以及教育在其中所要发挥的作用等问题的讨论。未来我们应该走向何方？是强化工作文化还是想办法用某物取代它？如何把以工作为取向的目的与让人们过上自主而幸福的生活这个目的关联起来？学生的学习应该在多大程度上以功课为中心，尤其是他们不得不做而且往往不愿意做的功课？有无好的替代方案？

接下来要介绍的书是《儿童的心灵》（ *The Child's Mind* ），感谢首都师范大学邵燕楠副教授把它翻译成中文。这本书反映了我在教育哲学领域中除了教育目的之外另一个主要的研究方向——人类心灵的本质及其在学生学习过程中所发挥的作用。当谈及心灵及其功能时，我们也许会认为它们完全属于心理学（一种实证科学）的研究范围，但其实也可以从哲学层面反思这类主题。哲学层面的反思很大程度上与我们对自己所熟悉的一些相互关联的观念的非实证性反思有关。这些观念包括："思考""感到疼痛""感到愤怒""想要去做某件事""运用想象力"等，而统领这一切的是"心灵"。这本书力图表明，明确这些观念对于弄清楚儿童是如何学习的非常重要。这本书的研究主题还包括：儿童如何学习概念，儿童如何形成信念、理解能力，儿童如何掌握知识和技能，技能是否可教，智力的本质及其测验，儿童情感的发展，儿童通过学习变得富有想象力和创造力，激发儿童的动机……。这本书用简单明了的语言对儿童的心灵做了非技术性的介绍，无论读者有无哲学背景，应该均能读懂。

第四本专著《儿童幸福与学校教育》（*Exploring Well-being in Schools: A Guide to Making Children's Lives More Fulfilling*）是由杨杏芳教授和赵显通博士翻译的。杨杏芳教授就职于华中师范大学，曾于 2013 年在伦敦大学教育学院访学，我们也是在那个时候结识的；赵显通则是伦敦大学学院教育学院的毕业生，目前在西南大学工作，从 2014 年起我和他就已经在很多事情上展开了合作。感谢他们不仅翻译了这本专著，还与石中英教授合作，为整套文集的出版做了大量工作。

从我写第一本教育哲学专著《走向必修课程》（*Towards a Compulsory Curriculum*）起，我便一直把个人幸福视作教育目的的核心，读者从我之前对《再论教育目的》《教育与工作的目的：对工作和学习的新哲思》这两本书的有关介绍中可以清楚地看到这一点。《儿童幸福与学校教育》是对"个人幸福"这个主题的全方位拓展，它反映了我从早年开始写教育哲学著作以来关于幸福的思考是如何变化的。像《儿童的心灵》一样，这本书的语言比较通俗易懂，适合教师和其他没有哲学背景的读者阅读。围绕幸福，该书探讨了与之高度相关的诸多内容，包括宗教思想及其精神遗产，基本需求的满足，幸福与道德规范的关系，生命的意义，快乐生活的内涵，有价值的活动的含义，人们追求名声、财富与"地位性商品"存在的一些问题，等等。

除了以上著作外，这套文集还收入了由我近些年所写的多篇文章组成的论文集的中文版——《教育哲学的视界》，感谢杨杏芳教授和赵显通博士为这本论文集所做的工作。这本论文集收入了《幸福中心主义》（The Centrality of Well-being）这篇文章的中文版，我在其中简短交代了我自 20 世纪 60 年代以来在教育哲学领域所取得的研究进展。在其他几篇文章中，我从不同的方面探讨了教育与幸福之间的联系，并提出了诸如生活的意义、文化的功能，以及学生在多数人都陷入时间短缺的情况下如何过上充实的生活这类问题。此外，这本论文集中还有数篇论文涉及"何谓受过良好的教育""学校教育的目的应当是什么"等问题，后者尤其关注在理论和政策层面小学阶段的教育目的。这本论文集中还有一些文章反映了我对教育领域中一些流行的理论、教育活动、教育制度等的看法，比如多元智能理论、儿童哲学、学校的考试制度等。这本论文集涉及的其他主题有：人文主义对教育的影响、民主社会的教育目的、教育哲学对于政策的重要性、当今世界的经济形势对于学生的影响等。

　　能够在中国出版这套文集，是我的荣幸。希望这套文集的出版，能够进一步巩固中英两国教育哲学领域的研究者之间的紧密联系。特别感谢这套文集的组织者，感谢这套文集众多优秀的译者，深深感谢你们以及我的其他中国朋友们，是你们使这一切成为可能！

约翰·怀特（John White）

2020 年 11 月

致　谢

我非常感谢参加伦敦大学教育学院教育哲学研讨会的人们，感谢比利时鲁汶天主教大学的教师和学生，感谢 1996 年参加在牛津大学新学院召开的英国教育哲学学会年会的同行，他们对我根据本书的基本观点形成的论文给予了评论。

我还要感谢我的同事理查德·奥德里奇（Richard Aldrich）教授通读了本书的初稿，感谢迈克·科尔斯（Mike Coles）与我就英国职业教育进行了讨论，特里·麦克劳林（Terry McLaughlin）给我的帮助最大，他让我了解了职业教育研究的最新进展。

我对妻子帕特里夏·怀特（Patricia White）的感激之情难以言表，感谢她对本书提出的见解，感激三十余年来我们在教育学院工作中的合作，感激她对我其他著作的付出和帮助。

目 录

第1章 我们所了解的工作

导言

> 我为什么要让工作这只癞蛤蟆
>
> 蹲踞在我的生活上？
>
> 难道不能用智慧做叉子
>
> 把这个家伙扒拉走吗？
>
> ——菲利普·拉金（Philip Larkin）《癞蛤蟆》（*Toads*）

《独立报》于 1995 年 5 月 27 日刊登波莉·汤因比（Polly Tonybee）的《工作可以致命》一文，文章说："'她每天工作 19 小时，从未间断，'她的朋友阿彻勋爵（Lord Archer）说，'她的生活除了工作别无其他。她停不下来也不知道该怎么停下来。她早上 6 点出门，晚上她们得拽着她上床睡觉。'一个知情人还说：'工作让她上瘾，她就是个工作狂。'"[1]

让玛格丽特·撒切尔（Margaret Thatcher）兴奋的事物对其他人（包括日本人）来说是令人沮丧的。正如《独立报》的报道：一个日本人在连续工作了 17 个月却没有休息一天的情况下自杀了。[2]

关于工作的如上剪报，我还有一堆。我每日看的报纸——不消说哪个——根本离不开这个话题。《工作可以致命》的警示短文排版在题为《我们必须打破一周工作 45 小时的习惯》的文章的上面，汤因比加的副标题是"工作、工作、工作"，并说："这本该是'有生活质量的十年'。"

《到家时你一定累得不能动弹了》是我最新的剪报。与其他许多剪报一样，这篇文章讲的是英国人——"欧洲工作狂"。英国人每周平均工作时间长达 43.1 小时，位居欧洲第一。"每周工作时间超过 50 小时的英国人增加了三分之一"，"整个欧洲大陆的工作时间在缩短，英国的却在持续上升"。[3]

相比之下，20 世纪 20 年代的工作模式就悠闲多了，至少对一部分人来说是如此，比如伦敦商业银行家亨利·迪亚克斯（Henry Tiarks）。"他每天很早起床，骑马晨练，然后与父亲一起从肯特郡奇斯尔赫斯特（Chislehurst）的乡间别墅出发，坐车到宾利（Bentley）的办公室办公。如果生意允许，傍晚回家后他会打马球，然后回到城里，去梅费尔区（Mayfair）或是贝尔格莱维亚区（Belgravia）享用晚餐。他英俊潇洒，彬彬有礼，是任何一位女主人餐桌上的如意人选。"[4]

人们对工作的态度有差别。对被裁的人员来说，工作意味着有经济保障与一段充满同事情谊的渐行渐远的记忆；而对主动辞职的人来说，则是对抗传统观念和回归自我生活的一场胜利。安迪·布莱克福德（Andy Blackford）在汉普斯特德花园郊区（Hampstead Garden Suburb）自家的苹果树下接受采访时透露①，自己曾经年入 80000 英镑，常去最好的餐厅吃饭，五年内换了四辆捷豹轿车。但有一天，他突然想："这样的生活到底有什么意义？"于是他在 46 岁那年辞职了。他说："当时我们的生活需求与收入差不多持平，有时开支略高于收入。但平日我忙碌到半夜才能回家见我的宝贝女儿，那时她总是责怪我。我过着紧张忙乱的生活，一边赚钱一边花钱——为了保持已拥有的，我必须消费。但这些都是为了什么呢？似乎毫无意义。"[5]

我自己的工作是进行哲学思考，有时也论证有益可行的政策。我不

---

① 安迪·布莱克福德是在介绍他担任一家广告公司经理时的生活。后来他放弃了这份工作，成为一名作家，主要写儿童读物。——译者注

仅要阐明生活的意义或者是安迪·布莱克福德的生活意义，而且要澄清我们这代人关于工作的困惑：对工作是该爱还是该恨？工作在人的完满生活中到底处于什么位置？以前人们也要求对过去三个世纪中形成的工作文化给出解释，但从未像20世纪90年代那样迫切。我写本书的第一个缘由就是要探讨目前我们关于工作价值的不确定性。

不可否认，哲学家有时也会增加这种困惑。玛丽·沃诺克（Mary Warnock）在《思想流派》中告诉我们："尽管一份工作在各个方面都很糟糕，但有总比没有强，也许努力工作比懈怠要好。"（Warnock，1977，p.144）而伯特兰·罗素（Bertrand Russell）用于勤奋工作的时间较少，他提出过两种非常有名的工作的方式："第一种是改变地球表面或临近表面物质与其他物质的相对位置；第二种是指挥别人做这种改变物质位置的工作。"（Russell，1960，p.11）我们应该相信谁呢？

除非我们比罗素更精准地定义"工作"这一术语，否则我们对工作的价值或者其负面价值都不会有太多的理解。我将在下一节讨论这个问题，如果有点不足，那就是我的语言缺少罗素的幽默。我们还需要把工作现象放在17世纪开始的文化变革中来认识，这些变化现在仍然伴随着我们。我将在下面的几节简要介绍工作的意义和工作文化，然后集中谈学校。

本书的第二个主题是教育。我们在20世纪末对工作中心地位的重新评估有多少反映在课堂里？学校教育的一个功能是使儿童社会化——让孩子们融入职业道德的生活吗？但是，如果像广泛辩论中所宣称的"工作社会正在失去工作"（Dahrendorf，1982，p.182），那将对学校有什么影响？现在学校的教育方式是否不适合年轻人的未来？

本书其他部分就工作的价值与教育两大主题展开深入的探讨。第2章讨论具体的工作伦理问题。工作是人类最基本的需求吗？还是几个世纪以来，我们自欺欺人地接受了这样的观点呢？我们应该以对多数人更有意义的工作为目的，抑或是围绕着工作对其意义不大的少数人？我们应该追随热烈赞成以工作为中心地位的一方还是对其表示怀疑的一方？在后一阵营中，我们应该如何看待菲利普·范派瑞斯（Philippe van Parijs）《人人享有真正的自由》一书（van Parijs，1995）封面上那个无工作的冲浪者？喜欢冲浪胜于喜欢工作的人将被以工作为中心的思潮吞没吗？

我在第 3 章对其他哲学家对工作的看法进行了批判性评价，并对工作在人的良好生活中的地位提出了建设性说明。大部分讨论基于我在本书中对工作做出的两种类型的区分，我称之为"自主工作"和"他律工作"，还有一部分内容讨论的是应该怎样分配工作的问题。

澄清这些问题应该有助于我们领会教育者将如何应对未来不同的社会情景——一种是工作文化广泛存在的社会情景，另一种是工作文化逐渐消退的社会情景。这样我们就进入了本书的中心——第 4 章和第 5 章。第 4 章结合工作，重新评估了教育的性质和目的，第 5 章则探讨如何在家庭、学校和社会中更普遍地实现这些目的。这其中包括呼吁对学校进行彻底的改造，因为工作文化的转变已表明了这一点。

工作的意义

工作是否有一个客观的定义呢？社会学家基思·格林特（Keith Grint）认为没有，他在《工作社会学》一书中指出："工作是一种社会建构的现象，没有超越时空的固定或普遍的意义，其意义是由实践中的文化形式所限定的。"（Grint，1991，p.5）我认为格林特想要阐明的是，不同的社会群体会根据自己的价值观和目的，以不同的方式使用"工作"一词。例如，他提到工人和非工人的身份划分，前者从事有偿"经济活动"，后者则从事"非经济活动"（Grint，1991，p.9）。那么，根据这种解释，可以说那些担负家庭责任的女性是"花这么长时间无所事事"吗（Grint，1991，p.9）？所以，从经济角度看工作只是多种视角中的一个。

格林特试图通过经济活动和非经济活动的划分方式来限定工作一词的

使用，这虽然是正确的，但他并没有贯彻到底，因为他似乎相信，在这样划分之后，人们也不能得到和发现更普遍的意义。事实上，格林特自己的言谈似乎预示了这种可能性。例如，思考一下上一段引文中的预设——妇女即使没有从事有酬工作也仍在家工作，或他曾说过的"工作往往是一种改变自然的活动"（Grint，1991，p.7）。

他最后的建议是否充分，可能取决于"改造自然"的内容。这似乎更接近罗素二分法中的一部分，即改变物质在地球表面的位置，而不是管理人员告诉员工该做什么，更不用说诗人和哲学家的工作了。

但至少我们可以从格林特的提示开始，即从工作是一种活动开始，这无疑是正确的。什么都不做肯定不是工作。医生可能在未出诊时也可以得到薪酬，但我们认为这是他们工作的一部分，因为在需要时，医生会随叫随到。同样，在扶手椅上打盹或者躺着晒太阳，这些令人舒服的享受都不是工作。

如果工作是一种活动形式，那么并非所有形式的活动都是工作。在乡间散步不是，听弦乐四重奏也不是，因为这些活动不像做马蹄铁或教孩子，活动者没有意在活动本身之外求得某些最终结果。当然，有人可能会说，在树林里散步是为了享受散步的最终结果，但这只是对该活动的一种重复表述，并没有在活动之外增加最终结果。一个人听弦乐四重奏可能是为了增进对音乐的理解和感受——这听起来确实像是一种最终结果；但是，一个人听音乐可能出于更多的内在乐趣。如果一个人为内在乐趣听音乐，那他几乎不会认为这是一种工作形式。

请格林特先生原谅，您的论述一开始好像就存在着一个"普遍"和"客观"的工作概念，也就是说工作是一种活动形式，其要旨是带来自身之外的最终结果。这个最终结果可能是一个沙发或一个微芯片——一个实际的物质对象，或是帮助别人学习和给人理发——一种服务，还可能是解决一些理论问题、实际问题或艺术问题。

但是这就足够了吗？我不打算寻求一个完整的工作定义，要是那样做就预设了对任何事情都可以给出一个完整的定义。（如果这是格林特的目标，他的做法可能是对路的。）但我们至少需要强调，在这种情况下，"活动"不仅仅是一种互不相关的行动。如果我用我的车通过跨接引线帮助邻居发动他的汽车，这通常不会被认为是"工作"，即使我所做的是为了带来一些最终结果——这种情况是提供了服务。我越是经常帮助别人解决他们汽车的问题——不管是为了爱情还是为了赚钱，我所做的事就可能变得越来越像工作。

在这本书中，我的兴趣不在于对工作这一概念进行周密的分析。我怀疑是否有人能在逻辑上比已有的工作概念分析走得更远。的确，我们或许走得太远了。我关心的是工作在个人成长和教育中的地位，为此，概括性地描述工作概念可能就足够了。在这一描述之内，我们需要做进一步的区分。对我们的主题最有帮助的内容如下表所示。

"生产 X"不被选择 为主要目标	"生产 X"不是主要目标	不愿从事的工作
		自愿从事的工作
	"生产 X"是主要目标	不愿从事的工作
"生产 X"被选择为主要目标		自愿从事的工作

让我们先看最右边的一栏，两者的区别在于工作是自愿的还是非自愿的。为了更好地解释这一点，我需要引入欣欣向荣的生活（a flourishing human life）也就是"良好生活"（well-being）的观念①。一个人的生活越能被称为欣欣向荣的生活，一个人良好生活的程度就越高，他或她生活的主要目标就实现得越多。我所说的"生活的主要目标"是指，在一个人的生活中，居于更重要或更有意义层次上的目标。举例来说，在我众多的爱好中，我最喜欢填词游戏和吃饼干，但对我来说还有其他更有意义的事情，

① 在本书中，作者把"a life of well-being""a life of personal well-being"和"a flourishing life"互换使用。——译者注

如人与人之间的亲密友谊、思考哲学问题或欣赏大自然的美。我可以放弃前两个，但不能放弃后三者，因为它们是我生活的主要目标。追求主要目标，才能增进我的良好生活；如果我的生活被其他事务塞满，没有时间去做这些事情，那我的良好生活程度就会严重降低。

良好生活有程度之别，这一观念适用于所有的人，也许还适用于一些动物。对于一只猫来说，它也可能有一些主要目标，如懒洋洋地待着，追逐猎物，饿时狂吃，爱护幼崽。在任何一只猫的生活中，这些目标都可能或多或少地得到满足。在人类生活中，目标在多大程度上是自我选择的，在多大程度上是从外部强加的，存在很大差别。例如，来自风俗习惯或是来自宗教、政治领导者的目标都属于外部要求的目标。这就需要我们区分自主的良好生活与非自主的良好生活，这一区分对于本书的整个论证至关重要。对那些没有自主性的部落成员来说，他们的主要目标是传统赋予的，如成为一位好父亲或一名勇士，而这些目标的实现全凭运气。在我们的社会中，我们理所当然地认为人们大体上会选择对自己来说最重要的目标，他们能否过上各种良好生活取决于目标能否实现。

现在回到最左边那栏。自主工作是一种活动形式，其最终产品（X）是自主的人选择的主要目标。想象一下，一个人选择了教学工作，或是选择当护工，或是成为新闻工作者，这些最好的选择不仅仅是为了谋生，更是他们愿意做的事，这是最典型的自主工作的例子。自愿在牛津饥荒救济委员会（Oxfam）的商店里工作也是自主工作。而其他的工作是他律性的，也就是说工作的最终产品不被选择为主要目标，而是在某种程度上不可避免的或必须做的。

这把我们带到了中间一栏。这里表明的是工作的主要目标是生产最终产品 X 和工作的主要目标不是生产最终产品 X 之间的区别。如刚才所界定的，前一种类型——以生产最终产品 X 为主要目标的工作，既包括自主工作也包括他律工作。设想一个传统社会中的农民，他不是自己选择当农民的，在他的社会中，人们尚不知道有自主的可能，他只是在做长辈们一直在做的事，做长辈们期望他做的事。我们可以设想，在他最珍视的目标中，最重要的是为家庭提供足够的食物、衣服和房屋。另一个有些令人尴尬的就是女性传统上的工作形式，如做家务、购物和带孩子。许多女性自主选择做这些家务而不选择做其他事，但是她们这样做的理由仅仅是社会或他人如此期待而已。X 是一个人的主要目标，且无论它是自主选择的还是非自主选择的，都是具有"个人意义"的工作，我称这样的工作为一般形式的工作。（这里是一种简略的表达，不具有更多的意义。）

但是，在另外一些他律工作中，最终产品对劳动者就没有什么意义。想象一下，采石场里的一个苦工，或者是一家饼干公司的经理，如果二者得到的报酬一样高，也许有一天他们会发现自己在水泥行业里工作了。"对个人无意义的工作"意味着工作与个人的主要目标南辕北辙，工作的最终产品令人讨厌或反感，人成为工作的奴隶。"对个人无意义的工作"也包括持有消极怠工态度的工作，比如做柠檬奶油酥和葡萄干饼干，或者是一个人很想成为作家却不甘心地在学校教书。当然，个人的优选（personal priorities）是可以改变的，有的人偶然进入了教育行业，后来却发现这份工作极富成就感。最初认为"对个人无意义的工作"经过一段时间后可能会变得有意义。

我没有统计数据，但可以断定，在像英国这样的现代社会中，很大一部分工作对工作者个人而言是无意义的，这一点适用于管理工作和非管理工作。

现在看最右边一栏。这里介绍了自愿从事的工作与非自愿工作之间的区别，但要记住它们之间不是截然对立的，而是一个连续的统一体。我们现在关注的不是结果而是过程，即活动本身是否令人感兴趣。例如，维特根斯坦（L. Wittgenstein）进行哲学思考时，这一自主工作过程可能是痛苦的；但是，由于自主工作指向的最终结果是工作者做出的最优先的选择，所以我们可以期望他会全力以赴完成工作任务，以实现自己的目的。对个人有意义的一些非自主工作，也会有人愿意承担。例如，对小农场主或传

7

统的家庭主妇和母亲来说，如果一切都顺利如意的话，那他或她们就会喜爱自己的日常劳作；但是，如果身处困境、饱经磨难，他或她们就会觉得生活很悲惨。

自愿与非自愿这一维度对于"对个人无意义的工作"尤其重要。在西伯利亚的矿井里干苦力犹如在地狱，往超市货架上填满商品通常很无聊，开迷你型出租车有时会更有趣，而组织人们制作纽扣、设计汽车尾气系统、推销旅行保险，以及生产对自己没有什么重要意义的商品，往往令人非常愉快——这主要是由于做这些工作的同时伴有工资、养老金、自由时间、情趣相投的伙伴、社会认可和其他福利。

这些附带的令人愉快的目的使工作具有了吸引力，这解释了为什么自主的人经常选择它们作为主要目标，尽管这份工作对个人的意义不大。请记住，我们不是在谈论自主工作，自主工作和工作中自主的人之间有着重要区别。对自主的工作者来说，最终结果至关重要且不可替代；但一个人可以自主地选择股票经纪人的工作，对他而言，主要目标不是帮助他人获得最好的股票交易，这份工作只是一个可替代的工具，目的是获得财富、尊重、好朋友和其他优势。工作是获取这些最终利益的一种手段，最终利益构成了股票经纪人的主要目标，而不是这项工作所提供的服务本身。

还要记住，自主性本身就是一个统一体，因为有些人比其他人更具有自主性，他们更有能力做出选择，且有更多的选择，等等。不仅股票经纪人和公司高级管理人员占有一席之地，还有那些选择做园丁而不做工厂工人的人，或者是选择在大学里当秘书而不去经商的人，他们共同构成了自主性的统一体。再次强调，工作环境的吸引力比产品本身更接近自主主体的主要目标。

至此对表格的分析就结束了。随着整个论证的展开，各种区别的深层意义将被揭示出来。现在，我想把注意力再次放到最左边一栏上，即自主工作和他律工作的区别，后者在某种程度上受到前者所没有的约束。因为他律工作的最终产品不是一个人选择的主要目标：不管喜欢与否，工作都是一个人必须做的事。这一约束或必要因素经常出现在对工作一般内涵的说明中。格林特曾说过："从某种意义上说，工作与休闲是对立的——工作是我们不得不做的事，可能也是我们不愿做的事，且往往是我们为了得到报酬而去做的事。"（Grint，1991，p.11）我们在拉尔夫·达伦多夫（Ralf Dahrendorf）对于"工作"和"活动"的区分中也能发现这一点。他说："工作是他律的，是因外部需要而强加给人的行为，外部需要可以是生存的需要或权力的需要。而活动却是人自由选择的行为，是自主的，活动提供了人自我表现的机会，人在活动过程中会获得满足感。"（Dahrendorf，1982，p.183）

8　　毫不奇怪，这种"工作"的定义在某种程度上排除了我所说的"自主工作"（在达伦多夫的表述中，它是一种"活动"形式）。历史上，人们所做的工作很少是自主的，即使到今天亦是如此，当代英国也不例外。几乎对每个人来说，工作一直不可避免，是出于这样或那样的理由必须要做的。工作的外在约束可以有不同的形式：对奴隶而言，它是出于对惩罚的恐惧；对清教徒商人而言，它是对上帝的责任；而对大多数从事有偿工作的人而言，则是为获得衣食住行等生活必需品而承担的义务。（在引申或是隐喻的意义上，"工作"和"外部约束"之间的惯常联系，在孕妇"分娩"也被称为"生产"的概念中保留了下来，这里的约束是自然本性的必然。）

受约束的工作或他律的工作，不仅包括有报酬的工作、苦力劳动和清教徒的个体经营，还包括失业。许多领取失业救济金的人并不愿意失业，实际上，他们被迫花大量的时间申请工作，还要提供过去勤勉工作的证明。与从业人员生产商品和提供服务相比，他们不具有生产性，但他们仍要忙于制作要上交的文件资料。另一方面，他律工作还可以包括许多无偿家务，如粉刷房屋、打理花园、购买基本生活用品、保养汽车、带孩子和照顾病人或老人等。再次重申，人们不是自愿选择做这些事，而是由于没有其他人来做，也没钱雇人帮忙，出于家庭责任，他们必须做。

他律工作也包括义务教育阶段里孩子们必须参加的课堂学习活动。孩子们是否喜欢他们的课不在考虑的范围内：不管他们喜欢与否，他们都得参加，就像许多从事有偿工作的人不管怎样仍需要钱一样。诚然，孩子们，即便是最愿意学习的孩子，也比成人更受约束。因为成人虽然需要一份有偿工作，但是他们不必局限在某一特定领域，他们可以去修路或干屠宰一行。而学校里的学生通常必须学习地理、法语或化学，而且有时是由他人安排的。如果视必须参加的学校活动为"工作"，那它就是"学校作业"（schoolwork）了，这其中带有一些预期的最终产品，如写一篇论文、画一幅画或者解一道数学题。除了这类最终结果之外，教师通常还怀有与更广泛教育目的相联系的进一步的教育意图。有时学生了解这些教育目的，有时则不然——因为在这种情况下，孩子们没有意识到老师要求他们做这些事是为了培养他们的性格，如增强准确性、加深宗教信仰、培育友善性，或者加强对权威的服从。有时候，看似无意义的课堂活动也可能具有隐性目的：几千年以来，不止一种教育系统已经察觉到"盲目的"死记硬背是诱导学生无条件服从的一种手段。

顺便说一下，如果我们需要提醒的话，这最后一点提醒我们，并不是所有的工作都像生产家具、酿制啤酒和练习瑜伽这样谋求"明显有用"的最终产品。受过基本训练的士兵在没有紧急任务的情况下，得忙着修剪营房周围的杂草。那么，"工作"是否也包括了无意义又明显有用的生产呢？从这个例子我们很难看出士兵是在为他们的军事统治者提供服务，他们只是随时准备着无条件执行各种命令。正如我们刚才看到的，这可能与一些显然没有意义的课堂活动类似。毕竟，也许很难找到纯粹无意义的生产的例子。

在更有限的意义上，"工作"作为受约束的活动，也可应用于人类之外，如马拉车、牛犁地。如果我们愿意超出动物所具有的"约束"和"活动"的含义，并将其归入"不可避免性"和"运动"等更广泛的范畴中，

9

那么即便是机器也可以被包括在内。一台洗衣机一旦启动并"正常运转"，就必然会做清洗毛巾这样的活儿——它会不由自主地按照其程序、其机制和自然法则运行。

约束的观念也可以扩展到另一个维度。除了适当限制的概念变得不适用之外，在"通过向一个人施压来让他做事"这一更广泛的含义上，使用约束的概念仍然是合适的。鉴于这种扩展，我们就可以接受来自外部压力的"工作"活动，尤其是来自消费者的工作活动。赫特福德郡（Hertfordshire）的一家农场商店外面有一块牌子，上面写着"顾客招聘：无需经验"。这很有趣，但也传递出从卖家角度来看的一种想法：买家被视为在提供服务。消费者越能被说服参与产生一种最终产品的活动，他们就越能体现出劳动者的特征。想一想超市里面的情景吧：一位女顾客不仅被引导着承担起过去小商店售货员的工作，从货架上搬运货物，装货和卸货；而且，在她购物的过程中，各种商品都具有心理上的诱惑力，她心血来潮地挨个过道拿这拿那、卸下装上，便是在为乐购（Tesco）或西夫韦（Safeway）超市服务。正如托马斯·萨克利夫（Thomas Sutcliffe）为最近播出的电视剧《购物》写的评论所言，购物车的发明"十分高明，瞬间提高了忙碌的购物者的生产率，这些购物者无意间在消费的神殿里自愿从事着无偿工作"（《独立报》，1995 年 7 月 11 日，第二部分，第 24 页）。

工作与约束之间的传统联系甚至可以扩展到通常被看作是自主工作的领域，我到目前为止还没有把它与自主工作联系起来。有时人们会说，伟大的艺术家和思想家"为他们的守护神所驱动"，这暗含着指导他们的不是他们自己的意志，而是某种异己的力量。

10 在所有这些不同的方式中，"工作"通常被认为是不可免除的，是受约束的，是必要的。正如我们现在看到的，这是一个重要的事实。与此同时，我们需要记住，最普遍的工作概念，不仅限于旨在产生最终产品的活动，还包括自主工作。这就在术语的使用上给本书余下的讨论带来了一个小困难，因为我有时是在广义上谈论"工作"，有时是在狭义上讨论"工作"。我希望能通过上下文的语境清楚地表明是在广义还是狭义上使用工作概念的，而不是用下标、斜体字等记号来标明，这也避免读者隔一段时间就需要回来看看自己是如何解读工作含义的。

重述本节所做的主要区分可能会有所帮助，因为这些区分将运用在后面的讨论中。支撑本书主要论点的基本概念是活动。工作是活动的一种形式，也就是说，工作这种活动被认为能产生最终产品。在是否能产生最终产品上，工作与有些活动有别，例如，工作与出于内在理由而追求的活动就不同。原则上，工作不是自主的，就是他律的（尽管在实践中它们之间可能没有明显的界限）。（1）当人们主导自己的生活时，他们从事的是自主工作；（2）当工作的最终产品对他们个人的生活愿景具有重大意义时，他们所从事的工作也是自主工作。在世界历史上，甚至直至今日，很少有人能够从事许多自主工作（如果有的话）。几乎所有的工作都是他律的。工作是工作者出于某种原因不得不做的事。有些他律工作，就像所有自主工作一样，对工作者具有个人意义。不过，很多他律工作，也许是差不多所有的他律工作，对个人没有意义。即便是从事没有个人意义的工作——或仅仅是为了谋生，也可以是非常令人愉悦的。在我们的文化中，如果有越多人感到工作有吸引力，其提供的自我主导的机会就越多，而不是使人更多地服从他人的命令。尽管像许多人一样，把这类工作称为"自主的"有其道理，但是将其与本段前面定义的自主工作区分开来，对本书的整个论证至关重要。保险公司的经理们在组织工作的方式上可能有很大的空间，但他们中很少有人像教师、护士和艺术家那样，珍视自己职业或专业的最终产品。在我将使用的术语中，工作中的自主与自主工作不能混淆，我强调这一点的原因在后文中将变得更加清晰。

工作文化

工作的中心地位

正如我们所看到的，狭义的工作即他律的工作，其有多种形式，差不多包括了所有的有偿工作。这里所说的"所有的有偿工作"是排除了那些即便没有报酬一个人也得做的工作，如做日常家务、维护房屋、购物、带孩子、完成学校作业，甚至是失业后产生的活动。直到最近几年，工作带来了一个惊人的事实：它几乎占据了我们所有的生活，只有学龄前儿童和一些退休的人摆脱了工作的要求。总的来说，我们活着就是为了工作，日日如此，终生如此。事实上，我们所有人每天的时间几乎都被工作占据，或是为有效工作所需的事情——睡觉、吃饭、洗漱、消除烦恼、休息、娱乐所占据。

近年来，就业方式发生了巨大的变化，目前近 30% 的劳动人口要么正式失业，要么没有参与经济活动（Hutton，1995，p.106）。实际上，尽管这些人的生活不像大多数人那样被工作填满，但是追求工作的社会理想却更为普遍。失业者梦想有一份工作，和很多有工作的人相比，他们觉得自己被贬低了，且毫无价值。

19 世纪，与工作社会相抗衡的理想是闲暇社会，在闲暇社会中，工作所起的作用越来越小，一些人认为闲暇社会的进展是必然发生的。但这一点很容易被误解或混淆，误解的一个来源可能是维新派（Whiggish）迄今对工业革命及其后果的态度①：我们知道，现在的工作时间（狭义上的"有偿工作"时间）要比 19 世纪的工作时间少得多。然而，从历史事实来看，19 世纪和 20 世纪初的改革者们为减少工作时间做出了努力，但

---

① 作者使用了"Whiggish"，这是对工业革命及其后果的一种态度，即相信进步是必然的。——译者注

这种努力在 20 世纪中叶以后似乎失去了动力。正如维托尔德·里布钦斯基（Witold Rybczinski）所指出的，1948 年，13% 的美国人每周工作超过49 小时，而到 1979 年，这一比例已经增至 18%，到 1989 年增至 24%（Rybczinski，1991，p.216）。更普遍的是，1988 年大多数美国人的闲暇时间比 1973 年少了 9.6 小时，英国的情况也相似。汤因比写道："进入 20世纪以来，工作时间一直在平稳而适度地减少，但这种情况在 70 年代初停止了。在 80 年代，占劳动力总数三分之一的管理者或专业群体，实际上以无薪加班的形式又增加了两小时的工作时间。"（《独立报》，1995 年 6月 10 日，杂志版，第 14 页）。英国劳工联合会（TUC）的一份报告显示："在过去十年里，认为工作时间'过长'的人数显著增多，现在每五名员工中就有一人每周工作 50 小时。"（《独立报》，1995 年 5 月 17 日）由于失业人数增多，那些仍拥有全职工作的人会发现自己比以往任何时候都更加努力地工作。

　　我描述了闲暇社会的理想与工作社会的理想的对立。但是，就现今使用"闲暇"一词的方式而言，如果没有限定条件，也是不正确的。"闲暇"往往意味着"自由的时间"，意即没有用在有偿工作上的时间。如果只是消极地说，那么，我们对闲暇的理解依赖于工作的概念。此外，即使闲暇不属于有偿工作，也并不意味着闲暇会把他律工作排除在外，因为一个人可能会不得不用自己的空闲时间购物或做家务等。

　　闲暇的其他因素也取决于工作，因为工作要求人应有不工作的时间。人不仅需要睡觉、吃饭和洗澡，而且需要娱乐。在晚上、周末和假期，如果人们有这些时间休息、锻炼身体、参加社会交往、追求个人兴趣和爱好，那么，他们会工作得更好。所有的工作，无论是自主的还是他律的工作，都是如此。

　　当代的闲暇概念不同于希腊人的闲暇概念，亚里士多德特别讨论了闲暇。在古希腊，闲暇在逻辑上与人固有的良好生活（eudaimonia）概念联系在一起。拥有闲暇就是从事由闲暇生活构成的活动。亚里士多德在《尼各马可伦理学》一书的第 10 卷中对这一主题进行了论述，将这类活动界定为沉思。但在人的良好生活观念中，"闲暇"可能会有所不同，或许有更为丰富的想象（Telfer，1987）。与现代闲暇概念不同，古代闲暇概念不是根据工作来定义的，而是从人的美好生活来界说的。而且，如果不从概念上而从物质基础上看，古代的闲暇社会建立在奴隶劳作的基础之上。

让我们回到主要问题上来。我们继承了"工作应该是我们生活的中心"的观念，而且这里的"工作"大部分是他律工作。如果不这样，我们就认为是制度的失败，就要通过更好的"充分就业"政策加以纠正。我们也重视闲暇，但主要是将其作为工作的必要补充。对于更激进的闲暇社会观念——无论是从工作中大规模解放出来的现代意义上的闲暇社会观念，还是围绕着积极而非消极意义建立的古代闲暇社会的观念，格拉斯顿伯里（Glastonbury）或赫布登布里奇（Hebden Bridge）地区的嬉皮士们会很看重，但却不被大多数人认同。

工作中心地位的背景

工作中心的信念深植于英国文化有三百多年了，其在政治上一直是英国各党派的主流意识形态。

然而，英国工党一方面以党派的名义推崇"劳动"，拥护"充分就业"，工党宪法第四条就是关于"体力劳动或脑力劳动者"的规定；另一方面虽不那么显著，但也畅想一个没有劳苦的社会，人们在那样的社会中可以自由地过自己所选择的生活。

众所周知，英国工党的思想深受基督教的影响。在过去的四百年里，17 世纪的清教徒运动对英国基督教产生了重要影响，正是通过这一运动产生了巨大的观念变革，确立了工作在人的良好生活中的地位之认识。如托尼（R. H. Tawney）在《宗教与资本主义的兴起》（Tawney，1926）、安东尼（P. D. Anthony）在《工作意识形态》（Anthony，1977）第二章和其他人所揭示的，"清教徒的工作准则"（Puritan work ethic）不仅有助于塑造英国基督教，而且对英国，乃至对欧洲其他地区、对北美和现今全世界资本主义的兴起都发挥了重大作用。

在《宗教与资本主义的兴起》中，托尼描述了 17 世纪清教徒运动带来的宗教生活观念的变化：摒弃了早期清修禁欲的沉思理想，赞成全面参与日常事务。沉思逐渐被看作自我放纵，精神上的胜利"不是在修道院里，而是在战场上、在账房里和在商场上赢得"。生活就是要追求一种特定的召唤，这一特定的召唤既是精神的同时也是世俗的。通过上帝安排的职业观念，工作成为神圣生活的核心要素，成为超越单独善行的毕生事业。如今工作成了精神的最终归宿，在工作中人可以安放自己的灵魂，因为"即使满足了物质需要后，工作也一直是一项职责，不再是为了物质需求"。这是一种生活理想，它"反对奢侈享乐和挥霍浪费，也不提倡对亲友过分热情"。这种生活理想也适用于每个社会阶层。穷人在来世是要下地狱的，但从精神上讲，贫穷可以避免，即便这意味着穷人要付出艰苦的体力劳作："与其在奢侈享受中变成被上帝抛弃的人，不如听从勤劳的召唤，不怕风吹日晒，劳动修炼。"（这一观点比前文沃诺克的观察更生动，也更让人好奇地联想到她。）尽管富人"能凭借他们的财富选择某些职业，特别是选择为他人服务的职业，但富人并不比穷人更有资格免除劳作"。总的来说，"不仅要满足日常生活需要，而且要追求无限的增长和扩大，成为基督徒努力的目标"。获利的欲望现在被视为一种美德而不是一种堕落，这与过去把获利看作是一种罪恶的观念形成了鲜明的对比。［本段参考托尼的《宗教与资本主义的兴起》一书（Tawney，1926，p.230，240-246，265）。］

在托尼之后，查尔斯·泰勒（Charles Taylor）在《自我的根源：现代认同的形成》中也探究了相关问题。对他来说，清教徒革命是"对日常生活的肯定"，日常生活包括"人类生活中的生产和再生产，即劳动、生活必需品的生产，以及作为种族繁衍的人类生活，即婚姻和家庭生活"（Taylor，1989，p.211）。他还强调了科学与技术的联系，认为"工作和日常生活中的清教神学为科学革命提供了适宜的环境"（Taylor，1989，p.230）。

英国现在势不可挡地发展成为一个世俗社会，但古老的宗教信仰的幽灵仍影响着其社会核心观念。在英国历史上，这些宗教信仰曾一度赢得了特别突出的地位——如在维多利亚时代，以及20世纪80年代我们曾生活过的撒切尔夫人改革时期。尽管泰勒并没有指出它们之间的相似之处，但他笔下清教徒对日常生活的推崇，让人不禁想起撒切尔主义的政策——同样强调商业美德和家庭价值观，同样强调通过科学应用促进技术的进步。甚至17世纪禁欲理想的废弃，也与撒切尔夫人执政时期大学地位的降低形成了共鸣。

享受自己的工作

除了睡觉，大多数人在大部分时间里都在从事他律工作。他律工作成为生活的中心，其他事情都围绕着工作来运转。由于大多数的他律工作不仅受到外部的约束，还产生毫无个人意义的最终产品，因此，如果没有处于经济方面的不利情况，人们会期望那些不得不这样做的人可以选择不做。这是通常情况，但也并非完全如此。大多数人喜欢他们的工作，事实上，有些人还是"工作狂"。这又怎么解释呢？

有些工作的外部约束与其乐趣是可以协调的，有些则不然。很难想象有谁会喜欢纳粹劳改营中的工作，但一个清教徒商人无疑愿意接受加给他的劳动义务。如今他也有他的同行，如果没有宗教义务，他们仍可能受到某种道德义务的驱使。许多人选择从事教学、医疗保健、警察和其他提供公共服务的职业，他们是这样看待自己的工作的：尽自己所能去减轻患者的病痛、减少人的无知、维护法律等，这是他们的道德义务。

尽管工作有约束的成分，甚至即使不受宗教或道德义务的驱使，其他人也依然会在不同程度上享受自己的工作。大多数情况是，在他律的且无个人意义的工作中，工人自己或雇主们营造了各种各样的宜人特点，工作的必要性和个人繁荣充实的生活之间达成了某种妥协。至少对许多人来说，繁荣充实的生活（personal fulfilment）包括了社会认可、伙伴关系、与他人为了共同的目标而奋斗的机会、小康生活的收入、安全感、舒适的环境、有做自己想做的事的时间、行使自主权的机会。所有这些都包含在工作中，并且通过如下形式体现出来：身份地位高、对下属的权力、团队中的一员、高薪并有退休金、有空调的工作场所、喝茶休息的时间、足够的休假、广泛的决策权。人们普遍理解的"好工作"就是具有更多这类优势的工作。众所周知，无论是在整个社会范围内还是专业领域里，人们为了"更好"的工作而竞争。这些工作可能不会像前面定义的那样是自主的工作。工人们可能一辈子都在做处理保险索赔或是制作电源插头的工作，而做这些又与他们理想的生活愿景相差甚远。正如上文所说的，自主工作不同于工作中的自主。那些在最好的工作岗位上做得出色的人可能在工作中有很大的自主性。

　　在我看来，竞争好工作是一种可以理解的、明智的方式，既能应对工作在我们文化中的中心地位，又能让自己的生活尽可能地令人满意。我们很容易看到那些得到了"更好"工作的人是如何成为工作狂的。我们不必把对工作的着迷归于清教徒的激情或道德热情，尽管这很可能是其中的一部分原因。如果一个人的工作过程而不是工作产品使他能够实现自己主要的人生目标，那么，工作就是一种令人感到充实且有意义的生存方式。

　　也许是因为英国人民经历了更长期的工业化社会，所以他们比其他国家的人更坚决地将工作融入自己的文化之中。根据一项英国社会态度调查，74% 的英国工人表示，即使他们有足够的钱，他们仍然更喜欢一份有报酬的工作（Toynbee，1995）。达伦多夫在《论英国》中同样揭示了这一点：

　　　　菲利普王子在一次采访中不经意地说到，他不明白为什么人们
　　　一方面想要更多的闲暇，另一方面又抱怨失业。他说的有道理，但

并非英国人的观点。当然，工会在讨论缩短工作时间；但不管英国人多么喜欢赛马、钓鱼或其他活动，他们并不一定想要更多的闲暇时间，他们很乐意把大部分时间花在工作上。上班族的概念是指早上七点半上班，下午三点半或四点下班回家的人；或者是工人早上六点半到工厂上班，下午两点半或三点下班回家以便做其他事。在英国，上班族的概念绝不像欧洲大陆或美国那样普遍。一方面是由于许多英国人不喜欢在七点半上班，更不用说在六点半就开始工作了；另一方面，在英国，闲暇仍然意味着晚上、周末和假期，是日常生活中很小而又独立的部分。（Dahrendorf，1982）

这幅图景的另一面是，一个人生活在工作中，也就是说，一个人去工作不是为了工作，而是为了度过愉快的一天。当然，这是一种夸张的说法，但是值得我们花点时间来讨论一下。有的地方市政机构设有所谓的"工作部"，其唯一职能似乎就是为人们创造工作岗位，以便让他们成为带薪员工。如果市政工作人员被派去督促他人的工作，他们看着就很可悲，他们虽不典型，但却引人注目。然而，还有其他的例子，例如，茶歇是英国人的发明。茶吧和其他地方一样，各阶层的人以一种特有的方式聚在一起。对于高管们来说茶歇相当于午餐前的饮料，与茶歇的普通员工相比，高管们的优势是在喝茶后还会有一顿午餐。普通员工延长了自己的工作时间，使其开始看起来像休闲，而管理人员和专业人士限制了自己的闲暇时间，使其至少看起来像工作。

除了有夸张的成分，任何一个外国人看到工作中的英国人，都会情不自禁地惊讶于他们悠闲的节奏——顺便说一句，这话没有任何批评的意思。我们所描述的是在英国生活非常愉快的一个原因，这样的生活如此广泛，自然会受到赞赏和羡慕。

教育与工作文化

在英国——一个以（他律）工作为中心的国家，教育体制究竟发挥着何种作用呢？我们应该避免用惯常的方式思考这个问题。笼统地说学校是相对自主的"职场"是不正确的，因为学校是否应该为学生未来工作做准备，还是为学生其他方面——为了闲暇或是为个人繁荣充实的生活做准备，仍然是一个值得讨论的问题。小学生们一旦开始接受义务教育，就像卡车司机和照看孩子的母亲一样投入工作。无论他们是否愿意，他们都被迫参与有最终产品或追求其他成果的活动。对他们来说，和成年人一样，他律工作成了生活的中心。随着他们升入中学，家庭作业越来越多，紧接着准备公开考试，这又使他们面对更大的压力。

1979 年以来，保守党的一些教育政策就是让学校变得更像工作场所。尽管孩子们有义务上学，但这并不必然意味着他们一定要参与到工作中。工作要求的不仅仅是某种活动，更是指向最终产品的需要努力的活动。无论是在经过教师设计的"以儿童为中心"的课堂上，还是在教师无意中放松了管控的教室里，一些义务教育活动似乎都缺乏这一特点。英国政府的教育政策一直针对的是这两类教师（真实的或想象出的）——以学生为中心组织课堂的教师和管控课堂但并不很严格的教师。即将实施的国家课程要求所有教师都要全面制订明确的、可评价的目标。

如果我说的是对的，就像现在的情况一样，工作是大多数人日常生活的中心，也几乎是每个人的社会理想，那么，学校和课程制定者重点考虑与工作相关的目的就不足为奇了。基于对教育的任何合理的思考，教育目的都应该适合年轻人未来的生活，而不是相反。哲学家们和其他不太适应社会现实的人可能会争辩说，教育应该与工作毫无关系，教育真正的职责应该是具有内在价值的活动，是培养民主社会的公民，或者是促进人的自我实现。但是，除非能够清楚地说明这些职责是如何融入不可避免地由工作所支配的生活中的，否则他们的专著就可能只会被摆在图书馆中教育类的书架上，而对政策没有任何影响。

　　总的说来，学校的目的就是让学生为成人工作生活做好准备。也许学校最大的贡献是养成习惯——让 5 岁（或更小）的学生参与到工作中来，并使工作在 5—16 岁或 18 岁的学生心中逐渐占据主导地位。当他们离开学校时，他们的思想中——至少在理想上——有牢固的工作精神。更重要的是，学校作业往往涉及远离年轻人生活和兴趣的题材，那么，学校作业可能会成为特别有用的一种手段，使学生为没有个人意义的且多是成人以后要做的工作做准备。学校为学生的成人生活做准备的第二种形式是使学生有一定能力，让学生具备适时获得"更好"的工作所需要的资格。第三种准备形式是安排课程以及课程的优先次序，强调识字、数理、科学和技术，以使学生适应成人工作的需要。

　　学校工作的很大一部分是激励孩子们不仅想要工作，而且要接受工作将在他们未来生活中占主导地位的观念。正如我们所见，乍看之下，他律工作作为受外部约束的活动——尤其是在没有个人意义的情况下——是有悖常理的：人们，尤其是孩子，不喜欢做他们本不愿意做的事。那么，学校要怎样激励学生呢？

　　一个源于清教的理由可能是人的义务感，无论是宗教义务感还是道德义务感。学校作业，以及后来的职业，都可以被视作"为上帝而工作"。20 世纪 20 年代，弗雷德·克拉克（Fred Clarke）出版了《教育政策论文集》，当他在写"教小强尼长除法的最终原因是他有一个永生的灵魂"的时候（Clarke，1923，p.2），可能就有这样的责任感，尽管他是否用他教授数学的理由来激励小强尼学习数学尚不清楚。无论真相如何，如今宗教上的动机可能比克拉克写作时少得多，而且远不如 19 世纪。这是一个实证问题，需要调查说明。

　　同样的问题是如今的教师和家长在多大程度上通过强调与宗教信仰无关的道德义务来激励孩子们学习。这种道德义务通常不是以非常清晰的方式传授给孩子的。从观察和经验来看，小学生做作业是出于一种模糊的、未经仔细思考的感觉。他们觉得自己应该做作业，而没有做作业的同学不仅是做了一件不利于自己的事，而且是做了一件错误的事。

如果从宗教或道德义务方面激发孩子学习的积极性，未免有些以偏概全了。所以接下来要思考的是：如何激励孩子尽其职责？

教育工作者可以提出的第二个动力来源是自身利益。在某些情况下，这可能回答了刚才提出的问题：履行自己的职责可能会得到奖励，或在来世得到回报，或可让人免受惩罚。但是，他律工作也可以是令人愉快的。我们可以从两方面来理解这一点。如果我们想要把成人工作描绘成对孩子有利的形象，那么，较容易的讲法是工作给个人带来的好处越多，这份工作就"越好"。另一种情况是学校的功课，如果学生能够找到越多学校里令人喜欢的方面，那么积极性的问题就越好解决。在某种程度上，这些令人喜欢的方面可能与成人工作中所珍视的特征相重合：得到社会认可、形成伙伴关系、在共同任务上与他人合作、拥有行使自主权的机会。但在其他方面会有不同：一方面，学校功课不会带来高收入或支配他人的权力；另一方面，孩子们会被功课的内在乐趣所吸引（这样，那些对个人来说不重要的事情就变成了吸引人的兴趣）——这在大多数工作场所是很难想象的。在重叠之处，我们便不难看出学校功课是如何与成人工作保持一致并为此做准备的。至少就"更好"的工作而言，情况确实如此：儿童习惯于从学业中获得认可、社会交往、自主等，并期望成年后在工作中也能得到这些。然而，仍然存在着不太理想的工作，这些工作侵害而不是促进人的良好生活（personal well-being）。学业越是与"更好"的成人工作相对应，对于没有找到"好"工作的人来说，适应"差"工作的难度就会越大。这不仅是由于工作固有的缺点，而且还有期望落空所带来的更深一层的痛苦。

假设社会中他律性工作仍占中心地位，似乎就可以得出这样的结论，鼓励学生得到社会认可和促进学生自主的学校会发现，在试图消除更"不受欢迎"的工作的社会政策背景下，学校工作会运行得更加顺利。如果维持现有政策，很难看出学校可以采取什么措施去激励未来工人走上"更差的"工作岗位。我认为我们正在阻止残酷事态的出现：让孩子们缺少自尊心地去做这样的工作，以至于他们认为自己就适合做差的工作。当然，降低学生自尊心的事情可能会发生，但不是教师的本意，而是更广泛的教育体制带来的副产品。正是从这个角度，有些人开始关注与国家课程相关的评估体系。

注释

[1]保罗·瓦利（Paul Vallely），《独立报》，1995年5月27日。

[2]《独立报》，1996年4月12日。

[3]《星期日独立报》1996年8月4日刊载了《英国人没有休息》一文，文章指出："与欧洲大陆相比，从1983年到1991年，英国服务行业的全职工作人员平均每周工作时间从41.9小时上升到43.1小时，而欧洲其他国家却是从40.3小时下降到40小时。"

[4]《讣告》，载《独立报》，1995年7月6日。

[5]《独立报》，1996年6月23日。

第 2 章　工作的哲学家们对工作的看法

导言

汤姆·霍奇森（Tom Hodgkinson）在《卫报》撰文说："十年前，20多岁的人的谈话通常围绕着职业。那些没有工作的人会说：'我必须找一份工作。'那些在工作中不开心的人会说：'我必须找一份新的工作。'而现在 20 多岁的人的愿望则十分不同了。我去年遇到了很多有工作或没工作的人，他们说：'我想要的是每周工作两到三天。为了追求自己的目标，我有一个基本的收入就够了。'"（《卫报》，1995 年 5 月 16 日）

如第 1 章所述，我们生活在一个有三百多年历史的文化中，这样的文化使得工作——事实上主要是他律工作——成为有价值的人生的主要因素。这种文化要结束了吗？工作中心的观念是否放松了对我们的控制？霍奇森和他的同伴们有多少典型性？

我们如果知道这些问题的答案，就能更好地去认识教育系统是否需要重组，以面对安东尼·吉登斯（Anthony Giddens）所说的"后生产主义"的世界（'post-productivist' world）（Giddens，1995）。[①] 我不是实证社会学家也不是先知，作为哲学家，我不知道这些问题的答案。但是，我在我的知识领域所能做的是检验工作文化的基本假设，看看这些预设是否经得起逻辑推敲和伦理审视。如果这些预设经得起推敲，无论 20 多岁的新一

---

① 后生产主义的世界意味着以努力工作为生活中心的文化衰落以后的世界。——译者注

代说些什么，"生产主义"都将值得保留；如果这些预设没有充分的根据，那么哲学可能会在宣传"工作文化不值得保留"中发挥一定的作用。

我在第 1 章曾说过，在过去三四个世纪里，工作中心的观念是属于基督教、资本主义等思想传统的。一个强大到足以凝聚各方力量的观念，肯定已经深深扎根于制度化的生活中，事实上也的确如此。想想 19 世纪的英国，有崇尚禁欲的清教徒精神的教会，还有教会的济贫院和禁止流浪的法律，小学引导孩子们勤奋刻苦。到了 20 世纪，选择性的教育制度更适应了一系列的就业需求，社会尊重充分就业，福利国家制度照顾到了由于年幼、疾病、年迈或失业而无法从事生产活动的人的利益。

不用说，工作已经成为我们社会生活和个人生活的中心。那哲学上的追问是：这是应该的吗？

要回答这个问题，我们需要考虑支持工作的重要性的论据。在社会层面上，从某种意义上来说，这是不容置疑的。如果没有人工作，我们不仅会缺少文明生活赖以存在的必要手段，而且会缺少任何生活方式所需要的必要条件。可以肯定的一个基本共识是，没有工作，社会生活就无法继续下去。但它并没有说明应该做多少工作，应该做什么样的工作，或者应该由谁来做这些工作。与我们的工作文化相关的"工作观念"比那种认为人们的工作是社会需要的流俗观点源流深远，它将工作与个人救赎联系在一起，或者以一种更适合世俗时代的形式，将工作与个人成就联系在一起。它告诉我们，出于宗教和道德责任的原因，工作是我们必须得做的，或者说出于经济需要而做的工作应该是我们生存的基石。

在本书的其余部分，我将探讨工作在个人生活和成长过程中的地位。对这会引发的一些问题我没有展开，如我们没有细谈努力工作的生活象征着个人的救赎这一宗教观念，尽管这一观念在创造工作文化的过程中展现了强大的力量；我也没有论及其中所预设的上帝存在和来世的信念。我这样处理，可能有人认为是合适的，也可能有人认为是不充分的，但我将不理会他人的看法了。

避开宗教不谈，一个人怎么可能希望表明工作应该是我们存在的核心呢？如果差不多所有的工作都是他律的，那么怎么能确保我们有义务做的工作、我们需要做的工作或者我们被迫做的工作对我们具有重要意义呢？

在本章中，我仔细考察了一些现代哲学家对工作的价值的看法。我把他们分成四组。第一组哲学家们认为工作是人类的基本需要；第二组哲学家基于其他理由，主张人需要有意义的工作；第三组聚焦于阿伦特对工作与劳动的著名区分；第四组是怀疑论者，与前两组认为在某种意义上工作文化不容置疑的哲学家们不同，怀疑论者不认同工作文化。

工作与人性

下面我们将看到，当代许多对工作的哲学解释是建立在工作具有积极价值的基础上的，这些观点认为工作是人性的一种需要。例如，在理查德·诺曼（Richard Norman）和肖恩·塞耶斯（Sean Sayers）等人看来，劳动或"意义工作"是人的基本需要。如果一个人要生存或者要过上一种良好生活（a flourishing life），劳动或工作就是他或她所需要的。另一些人，如罗宾·阿特菲尔德（Robin Attfield），则把工作与人的本质联系在一起，坚持认为"人类一种基本的能力是意义工作的能力"（Attfield，1984，p.148）。

在这些情况下，工作的"需要说"和"本质说"非常相近。两者都把劳动、意义工作或意义工作的能力视为人类生存或良好生活不可或缺的特征。下面我将详细介绍与这两种论述相关的观点。

在马克思关于劳动及其在人类生活中的地位的诸多论述中，有两种解释尤为重要。一是使用工具是人的基本能力，或者说人是制造工具的高级动物。二是在共产主义社会，劳动是人的"第一生活需要"。

我们从《德意志意识形态》（Marx and Engels，1965）中的一段说明

21

可以看出，马克思认为人区别于其他动物之处不是意识或宗教，而是人通过使用工具生产自身的生存手段。在《资本论》第一卷中，马克思赞同富兰克林提出的人是"制造工具的动物"之观点。乔恩·埃尔斯特（Jon Elster）援引本杰明·贝克（Benjamin Beck）在《动物的工具行为》中的观点，认为马克思关于人类这两种独特性的认识都是错误的（Elster，1985，pp.64-66）。然而，即使埃尔斯特和贝克是正确的，我们也很难看出他们会带来什么样的伦理建议，因为从经验事实能否推导出"好"或"应该"的价值判断，一直是有争议的问题。尤其是，他们无法为工作一定是人欣欣向荣生活的关键因素的主张提供依据。

埃尔斯特还认为，马克思关于劳动在共产主义社会中的地位的观点是模糊的，而且乍一看还是矛盾的。马克思指出：（1）劳动"将会成为人的第一生活需要"；（2）由于生产的自动化，劳动很大程度上将是多余的，工人将不再是生产过程中的主要劳动者；（3）虽然在"必然王国"中劳动不可避免，但人类将超越"必然王国"，在"自由王国"中实现自己。（Elster，1985，p.84）

埃尔斯特认为，如果我们把马克思的观点理解为劳动的第一需要是参与某种创造性活动，那么这些论述就不相矛盾了。尽管单调乏味的工作仍将不可避免，但正如我们所知道的，自动化应用于工业领域的结果是有些人的劳动将会逐渐消失。

一个核心问题是，是否有充分的理由支持创造性的劳动是人的第一需要这种主张。埃尔斯特将其与"创造优先于消费，主动性优先于被动性"的论点等同起来（Elster，1985，p.85）。他认为马克思对创造的强调，在最终分析中可能很难与他对共产主义的强调相一致。因为，既然创造是由人参与所产生的结果，如工艺品、艺术作品、理论等等，那么创造就依赖于消费。"坦率地说，在一个完全由积极的、富有创造力的人组成的社会里，除非为了向他人学习，否则没有人愿意花时间去阅读、观看他人的作品，或者以其他方式享受他人生产出的东西。"（Elster，1985，p.87）。

22

但这里真的有不一致吗？说创造性活动是人的第一需要，并不是说个人会把全部时间或大部分时间用在创造性活动上，或者说他们会不想做其他任何事情；而只意味着，除非人参与创造性活动，并将其作为主要的活动方式，否则人就不会有良好生活。同样可以认为，对创造性活动结果的消费（the consumption of creative activities）是人的主要需要①，甚至可能是与创造性活动同等重要的"第一需要"。尽管创造依赖于消费，但这并不能说明消费不能被认为是第一需要。

如果创造性劳动确实是一种需要——姑且不谈是第一需要，那么对于我们的良好生活而言，是什么使创造性劳动成为必要的呢？埃尔斯特把活动与被动性或者把活动与消费进行对比，将创造性劳动与活动等同起来，就错失了目标。因为不是所有的活动都是创造性活动，做运动、读小说、在林间散步、和朋友聊天，这些都是活动，但不是创造性活动，因为进行这些活动的目的不是产生新东西。工厂里的机械操作也不是"创造性"活动，虽然它具有生产性，但它属于"必然王国"而不是"自由王国"。我们需要记住，根据埃尔斯特提供的对马克思理论的解释，马克思并不是主张任何一种劳动都是人类的需要，而只是在阐述自主劳动的多样性。[1]但是，为什么人的良好生活包含创造性的劳动？为什么人不能把其全部活动用于非创造性的活动？

如上所述，创造性活动就是为了他人而进行的活动，一个人的良好生活（an individual's flourishing）必须包含利他因素。如果这两种认识成立，那像运动、读小说，或者上面提到的任何一种活动，以及由这些非创造性活动组成的生活，就很可能因过于囿于自我而不被视为人的良好生活，但仍会存在大量的非创造性的利他活动，如家务劳动或生产阿司匹林。

---

① 作者这里主要指的是如读小说、听音乐、理解物理学理论等，即对这些创造性结果的享受。——译者注

假设我们不讨论非创造性的利他活动，只关注像读小说和乡间散步这样的活动，在这些活动中，没有为他人的利益而产生的任何东西。一个人的良好生活能不能只由这样的活动组成？这实际上也在问一个人的良好生活是否必须旨在做有益于他人的事，这也是柏拉图的《理想国》中特拉西马库斯（Thrasymachus）和苏格拉底争论的问题。

关于个人良好生活的争论往往与关于人类繁荣发展的论点混为一谈。正如我们所看到的，不可否认，诸多形式的劳动对于人类社会任何阶段的繁荣都是必要的，这一点在为满足食物、住所、健康等生存需要的劳动中最为明显。而艺术家、科学家、哲学家等从事的创造性工作对维系社会（或许是自由社会）的福祉也不可或缺。即使这两种认识都是正确的，也无法证明它们中的任何一方——满足生存需要的劳动和满足精神需要的劳动，需要成为每个人良好生活的组成部分。我们一定要把个人的良好生活与人类社会的繁荣发展区别开来。

现在我要谈谈三位当代哲学家的观点。

阿特菲尔德

阿特菲尔德 1984 年在《应用哲学》发表了《工作与人的本质》一文，他将工作与人的本质联系起来。具体来说，他的论点是关于"意义工作"的，"意义工作"意味着工人认为产品对他或她有个人意义，同时能自主地运用技能和判断力，并在规划工作时具有发言权。其含义大致相当于我所称的"自主工作"。

意义工作不仅存在于有偿工作中，在中小学校或大学里的学习、照顾儿童和老人、在慈善机构做志愿工作、做家务和做园艺同样可以是有意义的（Attfield，1984，p.145）。有意义工作还包括理论生产和艺术创作（Attfield，1984，p.148）。这一把工作与人类本质相联系的论述，源自"人类的基本能力是有意义劳动的能力"的观点（Attfield，1984，p.148）。

至于什么是阿特菲尔德认为的"基本能力"，以及其与良好生活的联系，我们从下面的引文中可以看到线索：

> 一个物种的基本能力是该物种的大多数成员之所以属于该物种而具有的能力，如果大多数成员没有这种能力，就不属于该物种。当然，在这个意义上，基本的不一定是独特的，可能是几个物种共有的，就像独特的东西可能是相当不重要的一样。我认为，一个基本事实是，作为一个物种的成员，要想生活得好、有发展，就必须能够运用该物种的基本能力。因此，要像美洲虎那样苗壮成长，就需要具备哺乳动物所共有的许多能力，且还需要具备其他能力，比如比大多数动物跑得快。同样，一个人只有能运用人类的基本能力才能生活得很好，并能从中受益。（Attfield，1984，p.145）

阿特菲尔德认为，意义工作的能力和语言交流能力一样，都是人的基本能力，尽管婴儿、糊涂的老人和有智力缺陷的人可能没有这种能力。他说："一个物种的基本能力不是所有成员都必须在当下能够运用的能力，但它是大多数成员必须拥有的。大多数人都有能力从事有意义的工作，所以意义工作对我们人类来说是不可缺少的。"（Attfield，1984，p.147）

阿特菲尔德对其立场做了进一步的说明："此主张的依据是从事有意义工作的基本能力必然对人有益，而未具备此能力的人们则会受到损害，这种损害在于他们未能在人之为人的意义上成长（develop as people）。"① （Attfield，1984，p.148）从这一点出发，他论证了人类拥有从事有意义工作的自然权利。"对大多数人来说，对有意义工作的最大希望是有酬工作。"（Attfield，1984，p.149）他赞成放慢微处理器的引进，因为快速引进将导致失业，"像英国这样的社会……应该以充分就业为目的，而不是裁员和

---

① 阿特菲尔德在此是指人未能在人性、善良、常识等方面成长。——译者注

阻止毕业生找工作"（Attfield，1984，p.150）。

阿特菲尔德在《应用哲学》第一期刊发的文章是一个大胆的尝试，他试图通过哲学推论得出政策结论。但是，他的推理前提是基本能力与良好生活的关系，我对此有不同的看法。

假如我们认同阿特菲尔德对于基本能力的定义，即成为某一物种而必须具备的该物种大部分成员都具备的能力，这不是没有问题，尤其是在量化方法上（为什么是 50% 以上的成员？），但我们可以暂不考虑它。现在要关注的问题是，在何种意义上从事有意义工作的能力是必不可少的？毫无疑问，人不像螃蟹、树木或大圆石头那样生存，宪法允许和保障大多数人从事有意义的工作。在适当的情况下，通过相关的学习形式和机会，我们大多数人都能从事有意义的工作。但阿特菲尔德的这些解释并不能带我们走多远。在完全相同的意义上，不像螃蟹、树木或大圆石头，大多数人都有吃汉堡包的能力或是有阅读《太阳报》的能力，这些也属于我们的基本能力吗？[①]

所有这些都为接下来他对基本能力与良好生活关系的论述带来了困难。阿特菲尔德说："一个基本事实是，作为一个物种的成员，要想生活得好、有发展，就必须能够运用该物种的基本能力。"但是为什么这是一个基本事实？人类如果不运用语言交流能力就不能有良好生活，这是一个事实；但很难想象，如果我们从不看伦敦电视台周末的相亲游戏节目，或从不玩国家发行的彩票，我们就一定会遭遇不幸。

如果这一批驳是正确的，那么阿特菲尔德的另一主张——保障从事有意义工作的自然权利以及满足充分就业的需求——就缺乏依据。我对阿特菲尔德的主张存在的进一步的问题不予阐述，尤其没有讨论他提出的应该有充分就业政策的结论。在我看来，如果有意义的工作确实是自主的工

---

① 《太阳报》曾是英国发行量最大的日报，1969 年被现在的所有者收购，成为一份小报。——译者注

作，而不仅仅是提供自主决策机会的工作，那么人们就想知道经济领域能提供多少这样的工作。会有多少人选择制作拉链、邮寄煤气账单或者修补坑洼路面这样的工作，并将其作为他们生活中的理想目标且赋予其个人意义呢？

我对阿特菲尔德的最后评述是：正如我们现在要考察的几位哲学家一样，他的论述似乎附属于工作文化。不是说他拒不接受沃诺克在《思想流派》中所持的极端立场（Warnock，1977），而是恰好相反。例如，他认为无论拥有哪种工作可能都比没有工作要好，但他倡导的充分就业似乎表明他是一个生产主义者。毫无疑问，他并不认为经济领域中的工作应该失去其传统的中心地位。

25

对工作的需要

我现在转到认为工作（以某种形式呈现）是人类基本需要的哲学家们。我主要论述诺曼和塞耶斯的观点。但先要简单评述莱恩·多亚尔（Len Doyal）和伊恩·高夫（Ian Gough）的著作《人的需要理论》（Doyal and Gough，1991），它们属于同一个传统。

多亚尔和高夫认为，人参与社会全面劳动分工的需要，是源于人对个人自主的更基本的需求。

如我们之后要详细论述的那样，对人需要的理解可不止一种，如人类生存所必需的，或是人的良好生活所必需的，当然这就要对何为良好生活予以进一步说明。食物和住所为生存的需要（也是良好生活的需要）。父母的爱似乎不是生存的需要，但在任何人类社会中，它都很可能是一种良好生活的需要。个人自由和经济收入可能是现代社会中良好生活的需要，但在人类社会的其他阶段则不然。

由于在传统社会的价值体系中实际上没有个人自主，因此，多亚尔和高夫所谈及的个人自主似乎是指现代社会中良好生活的需要。但将个人自主称为"需要"可能存在问题：个人自主不像（消极）自由，它可能是需要给予解释的自由民主中的价值，而不是自由民主的必要条件。① 但是，即使它是一种需要，似乎也不意味着它可以作为一种派生的需要而参与到全面的劳动分工之中。如果一个人足够富有，他可以在不参与任何劳动分工的情况下，作为独立自主的人过上良好生活。这样做是否可取是另一回事，关键的问题是参与劳动分工似乎对于一个人的良好生活来说不是必要的，而只有当它成为必要条件时才能称得上是一种需要。

26

诺曼

诺曼提出了将有意义的工作作为一种基本需要的观点，这是其伦理自然主义（ethical naturalism）专题研究中的一部分，该研究试图从人性中探寻基本的伦理价值。从人性的角度出发，"需要"路线是很有吸引力的。正是通过对我们人自身的思考，我们很快发现人有对食物、水、空气、住所等的生理需要，这些需要的满足对我们的良好生活来说至关重要。诺曼将人的需要从物质需求扩展到心灵和谐的需要、性满足的需要、被视为人而非物的需要，以及创造的需要和刨根究底的需要（Norman，1983，p.239）。"有意义的且未被让渡的工作"也是一种需要，但他对这个用语没有做进一步的界定，它可能接近阿特菲尔德的有意义工作的概念。我对诺曼立场的讨论与这个用语关系不大。

这样的工作有什么必要呢？诺曼对心理健康的需要与幸福美满生活的需要进行了基本区分，这种区分适用于各种需要。他说："这里所说的心理健康指的是使一个人有效发挥其作用的个性和谐。"（Norman，1983，p.240）他还表明："那些必须得到满足才能使人有效发挥作用的需求，如果得到了进一步满足会有利于幸福美满的生活。"（Norman，1983，p.241）换句话说，在前文中我把生理需求和良好生活的需要区分开来，诺曼近乎

---

① 在作者看来，如人身自由等消极意义的自由，是自由民主的必要条件。积极意义的自由是一个人能够自主决定生活样态，而不是由传统、宗教等其他方面来决定的自由。积极意义的自由不仅是自由民主的必要条件，而且是"自由民主"的一部分。——译者注

在不同程度上也将这两者区分开来。我将不讨论这对需要哲学提出的一般问题，而是集中讨论它对工作价值的影响。

关于第一层次的需要，即有效发挥作用的需要，诺曼指出，在人类的一些事情上，人"需要从事并不单调乏味、机械的活动"（Norman，1983，p.241）。他接着说："人获得最充实的生活乐趣和对生活的满足，是在充分发挥创造力的工作上，是在人的情感生活中，是在感受人间的爱里，是在对有志一同的体会中。"（Norman，1983，p.241）

这可能是真的。如果人们不参与其他活动而只是从事单调乏味和机械的活动，他们的心理健康就可能会受到影响。但是，即使人们承认良好生活的需要在程度上不同而不是性质上不同，也不意味着某种工作是良好生活的需要，而只能说高度运用人类智能的活动是一种需求。这里关键的一点是有多种智能活动，它们中只有一些与生产事物有关。欣赏艺术品（不是指创作艺术品）、玩游戏和幽默地谈话，这些活动以及其他活动都需要运用高超的技巧和判断力，但没有必要把它们视为工作。如果工作确实是人类的一种需要，那么它本身必须是进一步目的的必要条件，比如为了人的良好生活，而不仅仅是高度运用智能的活动（假定高度运用智能对人的良好生活是必要的）。

我的结论是，无论对"有意义"作何解释，诺曼在这里都没有提出有意义工作是人的一种需要的有效根据。他还进一步论述了"工作对于人的自我实现非常重要"（Norman，1983，p. 177）。

27

首先，与其他活动相比，工作有数量上的绝对优势。人们为了维持自己和家人的生活，在工作上花费了大量的时间。工作量之大，使其比其他任何事情都更能塑造人们生活的总体特征。其次，工作是不能避免的。人们所从事的其他活动在很大程度上取决于个人的选择，但工作几乎是所有人（除了小孩、老人或享有过多特权的人）为了维持生计而必须从事的活动。正因如此，工作成了人们生活的共同重心，这一共同重心成为人们生活的普遍特征。最后，人们的工作显然是他们生活中最为公开的一面，是工作决定了他们在别人眼中的形象。换言之，人们正是通过一个人的工作来看待一个人——我之前强调过被他人认可的重要性，因为它是自我实现的一个方面。综上所述，我们可以说，你是什么样的人主要取决于你做什么，而你做什么又主要取决于你做什么工作。（Norman，1983，pp.177-178）

这段话清楚地表明，事实上工作在我们的生活中至关重要。如果工作的中心地位不仅是一个经验事实而且是一件好事，那么接下来就会有人问哪种工作是值得向往的，哪种工作是人们不想要的。不难看出，人们会向往有意义的工作而不是机械乏味的工作。但是一个人如何从经验事实中得出积极的价值判断呢？如果在我们的生活中，工作在数量上确实比其他活动更占主导地位，那么，这不一定会是我们欣然接受的，因为我们已经看到了我们曾对文化中的工作中心地位进行了批判，工作倒有可能应该减少些。

诺曼在回应批评时表示：

事实上，刚才提到的让工作如此重要的原因，历史地看是暂时的。有人可能认为，随着自动化程度的提高，生产物质必需品的劳动时间将越来越少，未来人们可能只需花小部分时间从事工作。（Norman，1983，p. 178）

他倾向于认为，即使平均工作时间减半（在他看来这是乌托邦式的想法），"工作仍然在人们的时间规划中占有很大比例"（Norman，1983，p. 178），尽管他没有给出支持该观点的理由。

反对诺曼的主张中有一种观点——"只有在现代工业社会中，工作才被赋予其目前在数量和质量上的重要性"（Norman，1983，p. 178）。诺曼也倾向于认为这一点也许是有道理的，并由此得出：

> 或许通过工作实现自我的需要的确具有历史和文化的特殊性。即便如此，至少在我们的社会中，工作的需要是真实和客观的。一个人的工作决定了一个人的身份，并激励人把精力投入到工作中，这些观念深深根植于我们的文化中，以至于现在没有人能在无确定工作意义的生活中找到充分的满足感（Norman，1983，p.179）。

28

在我看来，他这最后的立场显然站不住脚。事实上，我们在前文就已经讨论了这个问题。工作的中心地位无疑深植于我们的文化中，但这一事实并不能支撑工作是良好生活（或自我实现）的需要这一评价性结论。我们都知道，挑战工作霸权和减少工作对我们的支配更有利于人们的良好生活。就我们所知，我们最好拒绝工作决定我们的身份这一观念——如果我们对工作的依附不是不可消除的，或许我们能更欣欣向荣地生活。

塞耶斯

在《劳动的需要：哲学视角》一文里，塞耶斯指出："用马克思的话来说，社会生产劳动是人类的基本活动。"（Sayers，1988，p.722）塞耶斯也认为人类有劳动的需要。他把"劳动"定义为一种朝着有用的目的而进行的生产活动，劳动在很大程度上也是一种社会活动（Sayers，1988，pp.726-727）。对于"劳动"是否应该等同于"工作"以及是否应该等同于"有偿工作"，他似乎有些矛盾。一方面，他声称有许多种类的劳动不以工作的形式存在，尤其是传统上由女性承担的家务劳动（Sayers，1988，p.727）。另一方面，我们又看到他提出"女性感到自己对工作有一种需要——一种内在需要，即一种把工作本身作为目的的需要……"（Sayers，1988，p.728）。

撤开这个矛盾不谈，我们可以看到塞耶斯对工作的定义比我在第一章中提出的含义要窄。他想把"工作"限制在有目的、有用的活动上，而我只把工作理解为指向某种最终产品的活动，但不一定是有用的。如果某物是有用的，那它就是达到某种目的的手段。但是，按照我的看法，创造一件艺术品就是工作，交响乐或诗歌即使作为人内在兴趣的产物，对其的创作也是工作。在另一种意义上，也可能存在"无用的工作"，就像我们之前提到的士兵用剪刀忙碌地割草的例子。如上所述，这可能被视为有价值的服从训练。但是，即使它作为一个反例，证明了工作必须指向有用的目的，艺术创作的例子仍然成立。无论如何，我们一点也不清楚塞耶斯是不是会同意士兵们的活动有一个有用的最终产品——对他来说，"有用"是指"能满足人的需要"（Sayers，1988，p.727），我也不知道他是否会把军事目的考虑在内，视之为有用的目的。

塞耶斯认为人需要工作，他是如何支持这一主张的呢？他把自己的观点与诺曼的观点区分开来，认为这根植于人类本性中独有的创造力，创造力"将人与其他动物区分开来"（Sayers，1988，p.732）。在塞耶斯看来，人性在历史上是不断变化的。"通过劳动活动，人们发展了能力、提高了生产力，并产生新的需要——包括对工作的需要。"但情况并非一直如此，在狩猎采集的社会，实际上在许多前工业化社会，这种需要还未出现。工业化带来了新的工作，强调新的工作美德：

> 因此，尽管现代对工作的需要无疑是一种历史上发展而来的需要，但不应该仅仅因为这个原因就认为它是"错误的"或是"假的"。相反，它是真实而不可消除的现代心理特征。从我描述的历史发展进程中可见，旧有的被摒弃了，新习惯、新态度和新需要产生了。人性本身也已经被改变。（Sayers，1988，p.736）

我对他这一论证的反驳和我对诺曼观点的质疑是一样的。工业社会对工作的重视或者个人对工作准则（the work ethic）的拥护是一回事，我们需要工作则是另一回事。我们不能简单地从前者推导出后者。

因此，我们仍然想知道塞耶斯为什么坚持这种需要论。为什么他认为工作是必要的？他没有深入讨论这个观点，所以我们只能推测。工作对个人良好生活来说是必要的吗？或许他会反对这种蕴含着"个人主义"的观念。（在当代工业社会中）对人类而不是对个人而言，是否有必要将其视为历史发展的一部分？我不知道塞耶斯是否愿意这么说。如果他愿意，那么我们必须要从整体上讨论马克思的理论，但这超出了我目前的职责范围。

塞耶斯坚定地捍卫工作是人的需要，但他似乎在某种程度上忽略了把人从工作的束缚中解放出来，特别是从工作占据和支配人们生活的时间里解放出来。

意义工作的权利

将工作或有意义的工作视为人的需要，其论据尚未得到证实，其他哲学家基于不同的理由，也论述了何谓有意义的工作。现在我将检视西蒙娜·韦尔（Simone Weil）和阿迪娜·施瓦茨（Adina Schwartz）的观点。

韦尔

韦尔在 1934—1935 年间中断了她中学教师的职业生涯，转而到巴黎附近的几个工厂里做一名非专业技术工人。她在《工厂工作》一文中生动地描绘了劳动繁重、单调乏味，特别是不人道的一面。然而，尽管她厌恶这样的工厂工作，她并没有像其他许多人那样，而是把目光投向工厂之外，寻求人的满足感。为了给自己后面的讨论做准备，她没有像阿伦特和其追随者那样，称颂阿伦特所说的自主地生产耐用品的"工作"要比"劳动"高尚，也不像安德烈·高兹（André Gorz）那样，把人的良好生活（human flourishing）视为通过大幅减少工作时间、从有偿就业中解放出来的结果（Gorz，1985）。在她看来：

> 所有社会改革或社会变革似乎都未击中要害，假如这些改革真的落实了，那么社会弊端一点都不会被消除。……一些人承诺会极大地减少工作时间。但是，如果物质条件允许的话，让人们每天做两小时的奴隶，在绝大部分时间里变成游手好闲的人，这既不可取也不道德。没有人愿意接受每天两小时的奴役。……如果有其他改进措施，那就是另一种状况了，但是难以想象到。……必须改变激励机制，必须削弱或废除工人与工厂、工人与机器的关系，使工人从根本上转变工作中的时间意识。（Weil，1977，p.66）

对于韦尔来说，问题不是工人在工厂工作的时间长，而是工人不得不在被奴役的环境里工作。对人的生活来说，工作毫无疑问地占有中心地位，甚至有人为了生存要在被奴役的环境下工作。未来的方向是，可以自动化的劳动都自动化，让工人了解整个工作流程并理解自己工作的社会目的，从而把工人从孤独的生产过程的桎梏中解放出来。

> 如果一个工人每天每时每刻都清楚地知道他在生产环节中起到的作用，以及他所在的工厂在社会中的地位，情况就会大有不同。即使一个工人的工作是在地铁线上为某种设备上的黄铜管压模，他也应该知道这一点。（Weil，1977，p.70）

韦尔看重工作时间和工作节奏。工人应该被允许以自己的节奏更自主地工作，并将自己所做的与未来有意义的目标联系起来，而不应该只局限于当下。

　　为了解决这一问题，不仅要让每个工人认识到自己在整个生产系统中的作用，还要有工厂的组织，使每个车间相对于整体具有一定的自主权，让每个工人相对于其车间工作具有自主权。应该提前一两个星期让每个工人知道他的工作安排。（Weil，1977，p.70）

虽然这些变化对工人的好处是显而易见的，但是很难理解为什么韦尔不重视减少工作时间。人们每天做两小时的苦差事显然比"受奴役"八九小时好得多。不管她怎么说，我认为很多人会接受每天受两小时的"奴役"，如果这让他们在其余二十二小时里做他们自己想做的事情。当然，也许就韦尔的改革方式而言，这不如做两小时的更合意的工作；但这也不会像在八九小时里"受奴役"那么糟。韦尔还认为，被解放的工厂工人会成为"游手好闲的人"。但是，她为什么要这么想，而不是认为这会让工人有更多的时间来做他们自己的事呢？

　　下面这段话让我们更容易理解韦尔的立场：

　　时间和节奏是整个工作问题中最重要的因素。当然，问题并不在于工作本身。工作的单调和乏味不可避免，胜任这份工作应该包括适应它的单调乏味。的确，无论在什么领域里，有多少世俗事业曾摆脱过单调乏味呢？格列高利圣咏或巴赫的协奏曲比歌剧更单调。我们被抛到世界中，我们是真正的血肉之躯，人不再是永恒的存在，我们确实不得不痛苦地经历时间一分一秒的流逝。这是我们的命运，工作的单调乏味仅仅是命运的表现形式之一。（Weil，1977，p.69）

她继续说，单调"具有时间的同一性，像时钟的滴答声一样不断重复"。在韦尔看来，无论人们在生活中做什么，都可能包含单调。正如我们在上文所见到的，工人需要能将他们现在所做的事情与后来的事情——

也就是未来有意义的目标联系起来。"只有除去遮蔽以使他们发挥远见，未来才能向工人敞开。"（Weil，1977，p.70）

韦尔对人类生活中单调价值的看法是违反直觉的，她的论证似乎也缺乏说服力。以下面这句话为例："工作的单调和乏味不可避免，胜任这份工作应该包括适应它的单调乏味。的确，无论在什么领域里，有多少世俗事业曾摆脱过单调乏味呢？"韦尔的想法似乎是，既然工作是一份"重要的世俗事业"，像巴赫的音乐和其他类似的事业，单调乏味就是恰当的。这里有两点需要说明。音乐中任何单调的形式都具有审美价值，无论是形式上的特性，如低音与主调的对比，还是表现力方面的审美价值，如贝多芬交响乐中主旋律的重复出现。而工厂工作的单调似乎与之没有什么可比性。工厂工作的单调并不是刻意创造出来的审美对象，这种单调也不是精心设计出来以提高审美效果的一种方式。在这种情境下，我们在估量单调的积极价值或消极价值时，所考虑的就不是审美价值而是伦理价值了。表面上，单调是一种贬义，因为人们发现它令人痛苦。韦尔试图通过把伦理价值转变为审美价值来推翻单调价值的预设，这是不合逻辑的。

第二点是她的明确预设——工作是一种"重要的世俗事业"。韦尔是怎么想的呢？答案无疑就在上面引文的第二部分，在她看来，人生是一段痛苦的旅程，如同"母亲分娩时的阵痛"；我们无疑存在于传统的基督教观念中，有罪的人的生活就是在世间苦难中挣扎。人们开始发现，作为一种痛苦的形式，单调的工作是如何发挥崇高作用的，忍受痛苦的高尚品质——正如韦尔本人心甘情愿忍受的——可以把痛苦提升到人类成就的最高境界，这种境界与格列高利圣咏齐名，比歌剧更有价值。

鉴于这一切，韦尔不看重减少工作时间就不令人费解了。她要是这样做就会严重损害基督教对人性的核心理解，就会清除我们痛苦的人生道路上的岩石和荆棘，劳苦就不再是我们生存的精神中心了。

一个人对韦尔能认同到什么程度，取决于他多大程度上能认同她的宗教出发点。我不同意她的观点，因为我不是从宗教出发看待这个问题的。

施瓦茨

施瓦茨在《意义工作》中也写到了工厂里的常规工作（Schwartz，1982）。不同于韦尔的基督教立场，施瓦茨的立足点是自由民主，但在对当下状况的批评和改革建议方面，二人的主张在某种程度上有重叠之处。

> 工人个体不能决定如何完成他们的特定工作。工人受雇不是为了实现特定的目标，而是让其选择和追求恰当的手段来做指定的精确操作。甚至他们的操作程序、工作速度和特定的身体动作，在很大程度上也由其他人决定。（Schwartz，1982，p.634）

施瓦茨从"人们普遍认同的观点——一个公正的社会是把社会所有成员尊为自主的行动者"起论。由于机械工作与人的自主不相容，因此，"我们必须要求废除上述不能自主决定的工作"；政府有必要采取行动以使"所有人的工作"都能促进而不是阻碍人的自主发展（Schwartz，1982，p.646）。

为了反驳"个人的工作不是他或她的全部生活"和"个体可以在其非工作生活中自我主导"的观点（Schwartz，1982，p.636），施瓦茨回应称这在经验上和逻辑推论上都是有问题的。心理学研究表明：

> 当人们在工作中长期从事机械活动时，他们在工作之余就会变得没有能力或没有兴趣来合理地制订、追求和调整自己的计划。（Schwartz，1982，p.637）

哲学认识上也支持这一结论，认为自主是"整合一个人个性的过程，是将个人的所有追求看作是服从于个人计划活动的过程，是一个人以其所有经验为基础评价和调整其信念、方法和目的的过程"（Schwartz，

1982，p.638）。把生活截然分为自主和非自主领域"会使一个人精神分裂"（Schwartz，1982，p.638）。

最后，施瓦茨拒绝接受关于机械工作的两个常见的建议，因为它们不符合自主的要求。通过轮岗来扩大就业仍使工作具有精细的明确规定，工人参与民主决策仍然使管理者和工人之间等级分明（Schwartz，1982，pp.640-641）。唯一的解决办法是"要以共享方式分配任务，即必须消除决策者和执行者的分离"（Schwartz，1982，p.641）；必须"实行民主的劳动分工，以确保没有人主要从事无聊的操作"（Schwartz，1982，p.644）。

理查德·J. 阿尼森（Richard J. Arneson）不同意施瓦茨隐含的结论（Arneson，1987），即在一个发达的工业社会里，从事有偿工作的人都应该从事并有权利从事有意义的工作，有意义的工作是人感兴趣的工作，是需要运用智力和发挥创造力的工作，工人在工作中有相当大的自由，对工作过程和所有政策有真正民主的发言权。阿尼森主要的反对意见是，这将是国家的专制作风，因为这将赋予自主选择者优先选择（有意义的工作）的特权，她认为不是每个人都想参与"紧张而漫长的决策讨论"（Arneson，1987，p.536）。在阿尼森偏爱的社会中，可以想象到"建立工作质量标准，以便使一些人除了单调、乏味和无意义工作以外别无选择"（Arneson，1987，p.536）。而其中关键的要求是："任何必须做脏活的人都要获得相应的补偿，从而使她的生活前景与更有才华的人的生活前景大体相当。"（Arneson，1987，p.536）此外，如果没有挑战性的工作有补偿优势，那些有才能、本可以承担更具挑战性工作的人可能仍然喜欢做没有挑战性的工作。

阿尼森论及施瓦茨提出的心理学上的反对理由，即机械工作不利于人们在工作之余从事自主活动，他认为这最多让政府有理由向打算从事这种工作的工人提供有关风险的信息。此外，如何权衡两者的得失——推理能力的下降和在无意义工作中所看到的实际好处——是由个人来决定的。

　　阿尼森对施瓦茨的反专制批评特别有说服力，因为他们都以个人自主这一价值为基础。

　　机械工作对人尊严的蔑视深深触动了施瓦茨和韦尔，显然阿尼森不像她们，没有被触动到要消除机械工作，他似乎不反对人们在工作生活中一天做八小时的机械工作，只要这是他们出于某种理由做出的理性选择。

　　在这一点上，我发现自己介于阿尼森和施瓦茨之间。施瓦茨说人们的"机械活动在工作中占据了相当长的时间"，她的整个论证是以常见的全职工作模式为前提的。这使得她的论证更加复杂，尤其是她否定了做机械工作的工人在工作之余可能具有的自主。她的依据是推理能力退化，这一心理学上的根据只有在工人每天都工作一整天的情况下才有意义。如果工人每天只工作一两个小时，这一心理学论据就很弱了。而她认为自主需要心理整合，在无意义工作中无法实现人的自主，据此，她的这一首要观点也就更没有说服力了。如果人们每天花一小时左右的时间洗漱和做其他家务琐事，我们就不会认为他们处在精神分裂的边缘，在工厂工作一小时左右的时间不太可能使人精神分裂。

　　所有这些都提出了这样一个问题：困扰施瓦茨的是机械工作本身，还是传统条件下每周四十小时的机械工作？她的论据有力地反驳了后者，但无力反驳前者。我同意阿尼森的看法，施瓦茨没有表明机械工作应当被禁止，也许有些人愿意从事短期机械工作，尤其是如果这给了他们足够的空间去追求工作之外的自主兴趣。

　　施瓦茨的论证是否表明了长期全职的机械工作应该被禁止呢？让我们假设这样的工作方式确实会使一个人的推理能力有所退化，但这是一个自主的人可以理性选择的事吗？在我看来，阿尼森会回答"是的"，因为有足够的回报，而且选择是在个人完全知情且不受强迫的情况下做出的。此外，如我们所见，在他所主张的社会中，一些人（如那些不胜任其他工作的人）"除了做单调、乏味、无意义的工作外别无选择"。而我自己的看法是，一般来说，实际上没有人会长期选择这样的工作，因为这样的工作一是无趣，二是会对心理产生负面影响，这里我假设他们知道其消极影响。于是就有理由禁止人们长时间从事单调乏味的无意义工作，尽管这些工作是维持生计所必需的。这可能适合阿尼森所说的不胜任的那些人，但很难想象他所说的另一类人——那些能够胜任有意义工作却自主选择长期从事无意义工作的人。但是，假如真有这样的人，可能也要讨论制定适合他们的法律。如果他们想做机械工作，而且超过一周十小时或者二十小时的法定工作量的上限，某些授权条款可以允许他们这样做。（另一方面，极少数人会选择无意义工作从而给自己造成痛苦，这样的受虐狂不常见，那么，有必要制定事实上没有人适用的条款吗？即便没有这样的条款，极少数的受虐狂也总是能找到违法的办法。）

有趣的是，施瓦茨和阿尼森都没有把焦点放在他律工作的限度以及他律工作居于我们文化的中心地位上。正如我们所看到的，施瓦兹含蓄地谈到了这一点，但她的目标是机械工作本身，而不是他律工作对人们生活的支配，阿尼森甚至没有提到这一点。

我对施瓦茨最后的评述是，她的文章的核心价值是个人自主。她在寻找一种有偿工作的组织方法，以促进而不是阻碍人的自主。她希望产业岗位的安排能"让所有人在工作中成为自主的个体"（Schwartz，1982，p.642）。如我们所见，她的解决方案是消除管理者和被管理者之间的差别，让人人参与工作任务的分配，以确保没有人把大部分时间花费在无聊的操作上。

我的疑问是，在这样理想化的条件下，工人是否真的会成为自主的个体？他们肯定会参与公司内部的民主决策，这将给他们提供比单调的日常工作更多的选择。但这对人的自主来说就足够了吗？有时，公司内部员工有自我管理生产的机构或小组，他们自己在内部就进行了工作分配。如果这种情况完全发生在日常工作中，施瓦茨可能会表示反对，认为这违反了自主原则。企业的主要目标仍由其他部门确定，所涉及的工人只能决定操作程序。在施瓦茨的理想中，每个工人都要参与企业主要目标的制定。但是，这可能恰好与他或她的自主相冲突。因为自主是**个人**自主。自主必须与人们如何安排自己的生活相关，用施瓦茨的话来说，就是与"理智地形成和奉行他们想要的整体生活观念"有关（Schwartz，1982，p.635）。一个人的主要人生目标在多大程度上与一个企业的主要目标相一致则完全是另外一回事。设想施瓦茨理想中的一个工厂是为超市生产手推车，尽管员工能够集体做出重大决策，但也不能说生产超市手推车对他们每个人来说都是主要的个人目标，是他们最想从生活中得到的东西。（这可以追溯到前面对自主工作和工作中的自主的区分。）如果他们中有人有这样的人生抱负，那么他或她将从事的就是自主工作。但这种可能性很小。人们通常都有主要的人生目标，如世人眼中的成功、幸福的家庭生活、友谊、尊重、知识分子的个人规划还有艺术或实用的目标等等。我从来没有听说过有人把制造超市手推车和上述目标等量齐观，更无法想象这样的人会是什么样子。更为合理的解释是，一个人可能愿意融入公司的目标去生产手推车，尽管这对他们自己来说缺少个人的意义，但这可以使他或她更好地实现自己的一些目标。如此，他们的工作就是他律的。尽管一份工作自身并不是自主的，但它在多大程度上仍是一个自主的人的工作，将取决于帮助实现公司目标是否被视为进一步实现个人目标的合理方式。但正是员工参与公司内部决策这一点被忽视了，而施瓦茨认为工人成为自主的人的关键是参与决策。如果个人自主最为重要之处，在于一个人能正确地把他在公司所做的事视为实现自己主要目标的良好手段，那么，对许多人来说，在日常工作中挣得高工资可能要比参与民主决策更为人所期待。作为一名工人，从个人自主到工作中的自主没有直接途径——前者的价值并不意味着后者，而后者也不意味前者：无论是在一个自我管理的生产组织里，还是在更为民主的体制中，机构的主要目标可能与个人的主要目标几乎没有联系。

36

工作与劳动

阿伦特在《人的境况》一书中对"工作"和"劳动"做了十分著名的区分（Arendt，1958）。她说：

> 劳动是一种与人体的生命过程相对应的活动，身体的自然生长、新陈代谢和最终衰亡，都依靠劳动生产的且融入生命过程的必需品。……工作是与人存在的非自然性相对应的活动，即人的存在不包含在物种的周而复始的生命循环内，人的死亡也不能由物种的生命循环来补偿。工作提供了一个完全不同于自然环境的"人造"物的世界。这个世界成为每个个体的居所，但它本身却注定要超越所有人而长存。（Arendt，1958，p.9）①

仅从这一段看，阿伦特的区分并不十分清晰，但从她进一步的详细阐述中，我们可以清楚地看到她说的劳动与人的必要生活资料的生产相关，如食物、衣服等生活资料的生产，是人生命循环所需的直接消费品和可替代品的生产，而工作的产品主要是指可长期使用的永久性物品。

无论是在某个特定领域还是在更普遍的问题上，阿伦特的这一区分被一些主张工作取代劳动的人借鉴。如赫布斯特（P. Herbst）在论述大学教育时说：

> 本文的中心思想是把阿伦特对工作与劳动的区分运用于教育活动中。本文简要论述了教育是工作而不是劳动，办好教育是工作，教学生以使其胜任工作也是工作。（Herbst，1973，p.59）

---

① 《人的境况》一书的引文借鉴了王寅丽的译文。参见：阿伦特，2017.人的境况［M］.王寅丽，译.上海：上海人民出版社.——译者注

安东尼在一般意义上讨论了"工作意识形态"。他批判性地考察了几个世纪以来，尤其是我们这个时代中的不同论点，指出奴隶主、宗教团体和资本家等都坚信努力工作是人类生活的重要组成部分。他写道：

> 劳动是人生命循环的一部分，但工作却是在制造有用的物品，工作似乎是更令人满意的活动。（Anthony，1977，p.278）

他还说：

> 如果工作变得毫无意义，那是因为，尽管工作是必要的，但工作与生存之间的迫切联系已经变得模糊，至少在复杂的工业社会中是这样。如果是这样的话，可以通过（用阿伦特的话来说）制造物品，实现从劳动到工作的转向来恢复工作的目的。（Anthony，1977，p.315）

尽管赫布斯特和安东尼等人提出了这类行为准则的建议（ethical recommendations），但我不太清楚阿伦特自己在多大程度上也想这样做。在她的全部论述中，"劳动"和"工作"的确是基本的区分。但是，它们是在更大的主题范围之内做的区分，与"劳动""工作"处在同一逻辑层次上的第三类活动是"行动"。"行动"是直接在人们之间进行的且唯一不以物或事为中介的活动（Arendt，1958，p.9），"行动"关涉人的关系，且不局限于政治活动中的人际关系。"劳动""工作""行动"是"积极生活"的三个组成部分，"积极生活"不同于"沉思生活"。阿伦特《人的境况》一书的主题是在"积极生活"内部做重点的转换，同时也是西方自古希腊以来"积极生活"与"沉思生活"之间的一个重要转换。她的宗旨不在伦理学，而是进行历史的分析。她说："我要论争的仅仅是沉思在传统生活秩序中占极大重要性，这模糊了**积极生活**内部的区分和表述。"（Arendt，1958，p.17）"而且，我对**积极生活**一词的使用就预设了引发各种活动的关切是不同的，这些关切不高于也不低于**沉思生活**的主要关切。"（Arendt，1958，pp.17-18）

我们要避免陷入阿伦特的庞大主题中，因为该书大部分内容与我们的目的无关。工作和劳动构成了她如下的历史论题，在古希腊的思想家那里，政治生活（作为活动的一种形式）在**积极生活**中具有主要价值，而在其他时代，工作和劳动又是至高无上的。在 17 世纪，"对**积极生活**的争取颠覆了**沉思生活**和**积极生活**的等级秩序"（Arendt，1958，p.262），工作获得了新的显著性。"在**积极生活**内的几种活动中，制作和制造的活动——技艺人的特权——第一次上升到了以前沉思生活所处的地位。"（Arendt，1958，p.268）阿伦特指出："在现代开端，出现了'世界的工具化'，技艺人信任工具、信任制造者生产人工制品的生产力，技艺人相信目的 - 手段的划分适用于所有领域。"（Arendt，1958，p.279）然而，随着体力劳动的增加，**积极活动**中的优先等级很快出现了又一次倒转。伴随着工业革命而兴起的工业社会，人们从农村到城市的工厂工作，以及后来消费社会的出现，所有这些都意味着"**劳动动物**的胜利"（Arendt，1958，p.292），技艺人的工作越来越局限于艺术家的工作了。

像她的老师海德格尔（M. Heidegger）写的《存在与时间》（Heidegger，1962）一样，阿伦特也不打算把《人的境况》写成一本伦理学著作，而是对现实状况的审视。从某种意义上来说，这两本著作都是对人境况的描述。《人的境况》也表现出阿伦特的伦理价值观，特别是在书的最后，她对劳动在我们现代社会的中心地位给予了高度批判，她认为现代社会"丧失了人类经验"（Arendt，1958，p.294），而且，"现代社会肇始于前所未有的活力、生机蓬勃的迸发，却终结于历史上已知的最死气沉沉、最贫乏的状态中"（Arendt，1958，p.295）。阿伦特不是反对劳动本身，她也没有提出劳动应当为其他东西所取代。如果这样做倒是很奇怪了，因为没有人生产食物，人类很快就会消亡。她只是对现代人类的生活观念中劳动仍然居于中心地位表示遗憾。她反对的理由虽然是相当清楚的，但她的目的却并不那么明确，她很可能不打算让我们了解这一点。她没有阐明劳动在积极生活中的突出作用是否应该转化为制造耐用品或公民参与，她也没有表明要平衡**积极生活**和**沉思生活**。

与她的一些追随者不同的是，阿伦特并不是倡导劳动应当为工作所取代，这本身并不意味着她的主张被误用了，因为一旦做出这样的区分，工作和劳动的含义就有可能在超出阿伦特原来的意义上被使用。尽管如此，她的追随者可能还是被误导了。正如我们刚才看到的，消除劳动意味着消灭人类。撇开这一点不谈，过分依赖阿伦特对"劳动"和"工作"的区分可能行不通，部分原因是这一区分可能没有太大的分量，但也可能是由于这一区分缺乏全面性。

明确的"劳动"例子是耕田种玉米，或是在纺织厂照看纺纱机。在这些劳动中，某人正在用他的身体来生产永久可替代的生活必需品。但如果一个人是服装厂或食品厂的经理呢？即使一个人在用他的大脑，而不是使用四肢和肌肉，也可以算是"劳动"吗？

在讨论体力工作和脑力工作的区别时，阿伦特似乎总是把脑力工作视为劳动，但紧接着却又将其排除在劳动之外。她说：

> 把体力劳动和脑力劳动联结在一起的根本纽带还是劳动过程，一方面是脑的使用，另一方面是身体的配合。然而，思考算是一种脑力活动，在某些方面像劳动，也只是实现生活自身目的的过程，甚至比劳动更缺少"生产性"。如果劳动留不下永久的痕迹，那么思考也留不下什么有形的东西。（Arendt，1958，p.79）

还有，如果有人正在组装电视机或安装处理文字的软件呢？这种"与人体的生物过程相对应的活动"是什么呢？

在对"劳动"的说明中，阿伦特似乎在不同的标准之间转换。"劳动"有时被强调为生产生活必需品，有时指体力劳动；有时"劳动"指生产消费品，有时又指谋生的活计。在她最充分的解释框架中，差不多每个人都是劳动者，教师和法官与水管工和女服务员一样。她说："艺术家……严格来说，是在劳动社会中唯一留下的'工人'。"（Arendt，1958，p.111）

如果不那么令人费解的话，类似的问题也会出现在"工作"上，且还有一个非常明晰的例子：工匠制造了一些物件，如打算长久使用的老爷钟和一辆四轮马车。阿伦特告诉我们，"技艺人是完全凭借双手使用原始工具的人"（Arendt，1958，p.126）。根据阿伦特的区分，艺术家是制造者而不是劳动者。他们的产品杰出而永存（Arendt，1958，p.147），即使是一首诗也是一个有形的东西（Arendt，1958，p.149）。学者也属于这一类，阿伦特谈到人需要"技艺人尽其所能的帮助，也就是需要艺术家、诗人、史学家、纪念碑建造者或作家的帮助"（Arendt，1958，p.153）。这里的一个困难是熟练使用手工工具的标准问题。这个标准适合橱柜制造者，但不适合历史学家乃至诗人。符合不同的标准是另一个问题，它与制造的可长久使用的物品相关。从这个角度来看，哲学或数学理论可以通过"工作"来产生。但是随之出现的问题是，组建英国皇家学会，或者是19世纪成立比利时王国，乃至1994年英国成立国家特许经营彩票的公司，创建这些机构能否被视为"工作"？

与阿伦特二重划分相伴的问题是其边界问题，哪些属于工作、哪些不属于工作还不够清楚。她是否打算在工作概念的一般意义上详尽地描述所有类型的工作？普通的政治家会属于哪一类？还是两者都不属于？牧师和律师呢？

尽管阿伦特对工作和劳动的区分很著名，但是，我恐怕还没有发现这一区别对检视工作及工作在我们生活中的地位特别有帮助。她的主要贡献似乎在于她的批判立场，她对现代文化中广泛存在的他律工作的中心地位持批判态度。

挑战工作的中心地位

在第 1 章我们曾指出，（他律）工作应居于生活的中心地位这一预设根深蒂固，广泛而深入地存在于英国文化中，并普遍流行于现代世界。清教徒的工作准则映射在我们的世俗时代，影响着人们对生活的看法，影响着就业政策和教育体系的形成。

但这一预设是否站得住脚呢？它在诞生时期（16、17 世纪）的宗教信仰内是有意义的。如果我们今天撤掉这一宗教信仰的支撑，这一预设还能成立吗？

如上评述的大多数哲学家，除了阿伦特，都有一个根本的特征，就是缺乏挑战中心预设的旨趣。他们的注意力集中在工人参与、意义工作的权利、捍卫作为人需要的工作等方面。像韦尔、诺曼和塞耶斯，他们论述减少工作或者让工人从工作中解放出来的时候，态度从谨小慎微到不屑一顾。从自由主义的观点来看，这一切都令人惊讶，因为自由主义的观点强调个人自主，人们自己决定如何生活，而占主导地位的工作几乎都是他律工作，这样的工作对想主导自己生活的人施加了很多限制，也显然与自主的良好生活之理想大相径庭。一个自由主义者无法想象激进的思想家怎么会支持这种工作。

仅有少数哲学家对工作中心性——这一超越了意识形态的共识提出了根本的挑战，其中最引人注目的是弗里德里希·尼采（Friedrich Nietzsche）和罗素。在《快乐的科学》一书中，尼采毫不妥协地批评道：

> 美德（如勤劳、顺从、贞洁、孝顺和正义）通常会对拥有这些美德的人造成伤害。人们称颂勤奋的人，却没有看到勤奋对此人的视力或自然天性和精神自由的损害。人们敬重和惋惜一个"鞠躬尽

痒"的青年，是出于这样的评价："对于整个社会来说，失去优秀的个人是很小的牺牲。这种牺牲是必要的！当然也是可惜的。但是，个人想法、个人对自身的保护和发展如果比他在社会服务方面的工作更重要的话，那可是更糟的了。"这就是说，人们惋惜这个青年不是因为他本身的缘故，而是因为他的死亡使社会失去了一个屈从的、大公无私的工具——所谓的"老实人"。……盲目的勤奋既是甘当工具人的典型美德，也是发财和成名的途径。……然而，人们对勤奋那极大的危害却保持沉默。所谓的教育就是试图通过一系列的吸引和好处刺激，形成一种思维方式和行为方式。这些方式一旦形成习惯、本能和激情，就必然反对个人的根本利益。（Nietzsche，1974，p.21）

罗素在《赞美闲暇》一文中也严厉地批评了出于道德压力而表现出的勤勉（Russell，1960）。罗素认为，现代人对工作的崇拜起源于工业化前的农奴制和奴隶制经济，因为这符合社会精英阶层的利益——让其他人为自己工作，并相信他们有义务这样做。他说："从历史上看，义务是权力持有者用来诱使他人为他们的主人而非为他们自己的利益而生活的手段。"（Russell，1960，p.12）他在书中写道：富人害怕穷人拥有闲暇。与富人的愿望相反，罗素宣称我们社会的工作模式可以重组，每个人每天的工作时间可限制在四小时。

范派瑞斯在《人人享有真正的自由》中赞颂了现代人的闲暇（van Parijs，1995）。此书封面上的加利福尼亚的冲浪者不想要一份工作，他宁愿花时间冲浪，或更准确地说，愿意在水上工作。这是他作为一个自主的人的主要目标。范派瑞斯主张无论人们是否工作，社会都要为每个人提供较高的基本收入，并提出通过向在职人员征税等方法来提高基本收入。

可以预见的是，范派瑞斯的思想并没有普遍流行。高夫在对范派瑞斯一书的评论中说：

　　包括无偿护理工作在内，合作劳动是具有一定规模的所有社会群体的明确特征。应该使所有健康的人能够为共同富裕做出贡献，且应该做出实质的贡献，这一原则是洞察正义的重要部分。"工作"不仅仅是"闲暇"的反义词，而范派瑞斯在两者之间的自由中立在道德上并不令人信服。参与具有普遍社会意义的活动是实现自主和增强人类福祉的关键，所有健康的人都应该有权利和义务为这些富有成效的活动做出贡献。（Gough，1996，pp.82−83）

　　高夫反对冲浪者的论点是否成立？合作劳动有益于人类福祉，这很可能是事实，但并不是所有健康的人都有义务从事合作劳动。在一个社会中，75% 的健康的人可以完成所有的必要工作，而且他们是自主选择做这些工作的。还有 25% 的健康的人宁愿不工作，他们这样做有道德上的理由吗？少数人坚持这样做会对依自己喜好而择业的大多数工作者不利。

　　在写本书的过程中，我越来越感到惊奇的是，在我们英国的文化中，把工作中心地位视为理所当然似乎无需什么理由，以至于人们很少去思考其认识基础。直到最近，它才受到挑战。当然，这里不包括罗素、安东尼或者高兹，他们曾从政策的角度对此提出过疑问。但是，当我思考工作中心地位的认识基础时，应该说这与思考我们英国文化中的其他基本观念（framework beliefs）是相同的。一百年前，这是一个普遍的预设，而且这一预设已经成为我们教育体系和部分政策系统的组成部分。即使到今天，这种情况依旧存在，关于英国民族性的传统观念，我们也有一种似乎毫无根据的想当然的观念，如热爱自由、信奉新教、作为新教徒相对于罗马天主教徒的优越感、种族的高贵感，以及随时准备在海外与威胁我们宗教信仰和道德价值观的敌人战斗。这其中有很多是虚构的，或者是令人厌恶的。但 20 世纪以来，它们一直是许多人信念体系的基石，而非仅仅在1982 年的马尔维纳斯群岛危机中才暴露出来。

42

最近，伯纳德·威廉斯（Bernard Williams）让我们注意到另一个未曾被留意的基本观念（Williams，1985）。这些观念与对上帝的信仰和对英国民族认同的传统观念有密切联系，但也深入到许多不信仰上帝和拒绝传统观念的民众中。这就是"道德义务"在我们的伦理生活中居于中心地位的观念。我们当中许多人，不仅是基督徒，还有世俗的康德主义者、功利主义者和其他人，在思考我们应该怎样生活的问题时，首要思考的问题和放在第一位的问题是在道德上应该做什么、如何尽道德义务。有不同种类的义务，如诚实、守信、为善好和幸福而工作、鼓励朋友、关心家人、帮助困境中的人、仁慈、公平、发展心智等，这些义务是我们生活的支柱。生活中还有其他，如闲暇或者其他快乐，但这些是次要的，是相对不重要的。而威廉斯指出的道德义务应当主导伦理境况的这种认识，其理由是不充分的，义务只是发挥重要作用的因素之一。如果我们做出了承诺或签了合同，我们就有义务兑现承诺和履行约定，但还有其他重要的方面，比如个人的良好生活和美德。在威廉斯看来，道德是一种"奇特的建制"，传统的道德观念根植于义务论中心。我猜想其他读者也会有和我读威廉斯著作时一样的情形：如同邂逅知己，抒发心声，但感到他所批评的义务论道德观缺少一些根据。

正如上文引用罗素的话所指出的那样，（他律）工作中心的观念似乎与责任或义务中心思想紧密相连。义务本身就是约束，正如威廉斯所说，那些生活在"道德建制"下的人，认为他们的生活就是围绕着道德责任或义务建立起来的。工作历来是约束我们中心生活的义务之一——最初是宗教的约束，后来是世俗道德的约束。工作为生活中心的观念之所以没有根据，是因为被奉为至上的道德义务中心论毫无根据。

英国人现在停下来重新思考传统生活的方方面面。一个多世纪以来，英国文化的传统支柱受到怀疑主义的冲击，如今已丧失了一半。据统计，基督教信徒和去教堂做礼拜的人的比例正在迅速下降（White，1995）。对各个时期的年轻一代来说，道德的"奇特建制"，尤其是在性问题的态度上，变得越来越无关紧要，个人成就和亲密关系越来越受到重视。人们所熟悉的英国民族性的传统观念似乎也出现了类似的变化，尽管应该用什么来取代尚不明确。

像基督教徒减少和传统道德观念的改变一样，工作为生活中心的观念也在衰落。但撒切尔主义却复兴了道德、基督教信仰、英国民族性和工作中心的传统观念，特别是在马尔维纳斯群岛战争中。传统观念可能在文化海床上默默存在了多年，如今通过这些方式浮出水面——变得更加突出，比以前更为人们所知晓。

最近，工作为生活中心的观念受到了多方面的挑战。首先，人们普遍认为，英国多年来一直存在的高失业率与两次世界大战中的失业率并没有真正的可比性。如今，失业逐渐被认为是一种可以接受的长期存在的现象。社会各阶层的许多人现在根本没有工作，其中有的人为了微薄的收入而依个人兴趣选择志愿工作，有的人自愿或者因被迫提前退休而不得不做兼职工作。非工作者或半天工作人员中的许多人（如果不是全部的话）能够通过自己选择的愉快活动来充实自己的空闲时间，这正在成为人们日益熟悉的一个社会情景。由于人寿命的延长，社会中退休人员的比例越来越高。如果从寿命延长这一最后的理由看，我们现在可以期望人生中有五分之一到四分之一的时间是自由的，不需要做（他律）工作（包括学校作业），而不像两三代之前的人，人生只有十分之一到八分之一或是更少的时间能不工作。这必然进一步削弱了生活就是工作的观念。在工作中，弹性工作越来越多，它往往使有偿就业的要求首先服从于个人兴趣，而不是相反。此外，在许多部门普遍存在的"一份工作就是一辈子"的假设，在过去几年里已被彻底推翻。终身职位在大学和其他地方已经消失。从学生时代起，人们就被鼓励在一生中换几次工作，并寻求适当的再培训。这可能会威胁到我们工作文化中蕴含的终身"职业"的观念，这种工作文化源自 17 世纪清教徒的信仰：上帝对我们每一个人的召唤，就在于他通过做事以服务上帝。哲学上的认识也变化了，现在后基督教时代的"生涯规

44

划"（life-plan）观念越来越被认为与个人良好生活没有直接的关系。而在哲学之外，面对不确定的经济前景，越来越多的人似乎不再看重终身"职业"，而是采用更灵活的生活方式，更加敏感地面对不断变化的环境。过去十年，哲学界对以义务论为中心的伦理学的批判，既可以反映出这样的思想，同时又促进了这种思潮的传播，特别是削弱了把工作描述为我们生活的中心职责的观念。

在本章结尾我也许应该提及一些发展趋势。《独立报》最近（1995 年 5 月 11 日）发表了《不急于找工作》一文。文章指出，一项针对英国应届大学毕业生的调查显示，大多数学生在完成学业后并不打算开始工作，而且他们中的许多人在校学习的时候，对找工作就持一种随意的态度。"毕业生招聘协会"（the Association of Graduate Recruiters）是一个用人单位的组织，该协会的一名代表道出了他的担忧："一些毕业生对影响他们命运的事投入的精力相对较少。"

注释

[1] 这里我假设马克思的"创造性劳动"大致相当于我所说的"自主工作"，这一假设可能具有挑战性。

第3章 工作与良好生活

导言

现在我将从批判转向建设，来探讨工作在人们生活中的地位，特别针对的是英国等先进的工业化国家。我不会从所谓的工作的需求、工作的权利或者工作的义务开始，我们需要追溯得更远，从一个人怎么样才能拥有欣欣向荣的生活（a flourishing life），也就是良好生活开始。只有这样，我们才能看到不同形式的工作——自主的或他律的工作——在生活中所占据的地位。

人的良好生活

我在第1章讨论工作定义的时候引入了欣欣向荣的生活之观念（the notion of flourishing），或者说人的良好生活的观念（the notion of personal well-being）。我们认为，一个人越能更多地实现其主要人生目标，其生活越是良好生活。我们还强调在现代文化中，自主的良好生活有一个特征：一个人的主要目标源于自己的选择，而不是从外部强加的。

自主的良好生活应与另外两个观念区别开来，尽管它们看上去像是自然地融合在一起。

其一，良好生活不需要生涯规划。以约翰·罗尔斯（John Rawls）为代表的一些哲学家认为人的良好生活是逐步实现长期计划的过程（Rawls，1971，ch.7）。但是这种假定忽略了个体对待生活的个别差异：有些人更具有前瞻性，而有些人更加随性。它还忽视了这样一个事实，即人们可以在以传统习俗为主导的社会中过上良好生活①，而在传统社会中，生涯规划的想法是没有意义的。虽然在以传统习俗为主导的社会中，人们不可能没有一点未来目标或者从不思考如何实现目标，但是这种目标可能只针对打造顺手的工具或者砌面墙来防野兽这样的事；它不需要把人生作为一个整体来详细规划以描绘出未来人生的前景。"生涯规划"的概念是与"职业"和"事业"联系在一起的，它不是人的良好生活的必要条件，因而对自主的良好生活也并非不可或缺。

其二，作为良好生活观念的一部分，"主要目标"并不需要有最终产品，更不必说自主的良好生活了。此处要区分有最终产品的目标和没有最终产品的目标，前者如砌一堵墙、写一本小说或者解决某些个人问题；后者像听格什温（G. Gershwin）的音乐、与朋友在酒吧通宵达旦地畅饮、谈情说爱或者是在乡间散步。虽然与前者不同，后面四项有与活动相关的目标，只是这些活动不需要有什么最终产品，而且通常也产生不了最终产品，这些活动可以是而且通常完全是为了活动本身。然而，并非所有的主要目标都需要与活动有关（无论是刚才提及的哪一种活动）。对一个人来说，成为具有某种品质的人可能很重要，比如努力实现理想的人或者友好的或热心的人。存在（being）和行动（doing）都可以构成目标。因而，回馈意向（reactive dispositions）也可以成为目标，比如想要得到他人关注或认可等。这些区别与工作在人生活中的地位有关。自主的工作和非自主的工作都包含了最终产品的思想，这提醒我们认识到——当然我们已经很清楚了——一个人的主要人生目标不是必须通过工作来实现。人生的主

① 在作者看来，在以传统习俗为主导的社会里，人们从小就相信社会风俗或传统应该支配他们的生活方式，人们一般不会自己决定如何生活。——译者注

要目标可能包括没有最终产品的活动所带来的愉悦，如读小说或在海里畅游；还包括人品方面的目标，如人际交往中的诚实或公正；以及回馈意向的目标，如追求名誉、为人爱戴、被人畏惧或受人尊敬。

最后几个例子提醒我们，作为自主的行动者，主要目标从伦理道德上看并不总是善意的。自主的良好生活是我阐述工作地位和分析为工作而进行教育的出发点，在展开这方面的论述之前，我有必要对其设定某些伦理上的约束。我们的社会和教育政策不是为了建立一个希特勒式的国家，甚至不是要培养非人道或者不太自私的个体，也不是要培养"幸灾乐祸"、追求控制欲或希望被他人关注的人。喜欢被他人关注或认可本身不一定是坏事。相反，我们通过在社会互动的结构中嵌入日常认可机制，来增强和满足这种普遍的、很可能是人天生就有的欲望。只有当这种欲望失去平衡，也就是当人沽名钓誉时，我们才会对之侧目或嗤之以鼻。在下文中我将预设一个自主的良好生活观念，包括像关注自身的良好生活一样真心实意地关心他人的良好生活，且排除对自己的过分关注。

基本需要

47

到目前为止，在对个人良好生活的简要描述中，我主要关注的是人生目标和欲望，但也应该谈谈需要。我们每个人作为动物性存在，都有一定的生理需要，这些需要是否被满足对我们的良好生活至关重要。任何人都需要吃、喝、拉、撒、睡，要呼吸，要有适宜的温度，可这些并不一定构成目标，呼吸是我们必须做的事，但不是我们的目标。

什么是需要？对此不能抽象地理解，只能把它们与需要的事物联系起来。在现在的语境中，需要是人作为生物在生存上所必需的方面，如空气、食物和水。一般来说，如果 X 是 Y 所必需的，那么 X 就是 Y 的必要条件，即如果没有 X，Y 就无法存在。这种需要关系普遍存在，包括在平淡的日常生活中，比如某人要寄信就需要邮票。而生存需要显然更为根本，它与人的良好生活息息相关。一个人可以在不寄信或不贴邮票的情况下过好生活，但不能没有生存所必需的东西。

有时，人们谈到"人的需要"或者"人的基本需要"，指的不仅仅是生存需要。我们已经了解认为工作是人的基本需要的几种看法，如诺曼、多亚尔、高夫和塞耶斯的主张。这些观点没有一个认为工作（在某种意义上）仅仅是生存的条件，他们的参照点似乎是，更确切地说是关于人的良好生活的观念：诺曼的"有意义的工作"、多亚尔和高夫的"参与分工"以及塞耶斯的"社会生产劳动力"均被认为是人的良好生活的必要条件。

不管这些具体的主张是否正确，它们都将我们带回到已经讨论过的问题上——"工作"和其他术语可能意味着什么，这些主张是否有存在的理由，还有一些反例：显然有些油瓶倒了都不扶的人也有欣欣向荣的生活。对于我们当下讨论的目的来说，更重要的问题是：如果有的话，什么可能构成良好生活的基本需要，且不同于人的基本生存需要？

显然，如果不首先明确什么是人的良好生活，就无法回答这个问题。我在前面说过了，要从实现人生主要目标这一非常抽象的说明开始，而后通过建构人的自主性和融入伦理上的仁慈要求，来确立适合我们时代的对良好生活的理解。从人生目标开始考虑就已经带入了超出基本生存需要的一些需求。在此举一个例子：且不说拥有语言是否是生存条件，但对于"主要目标"所含的层次以及人的属性来说，拥有语言无疑是必要的。因此，习得语言成为人的良好生活的一个普遍需要。随着良好生活之观念的进一步明确，语言需求也变得更加具体。初民只需要使用和理解本部落的语言，而在英国等现代国家中，自主的人还需要识字，因为一个人良好生活的水平可能会因为他是文盲而降低。

把抽象的良好生活之需要和适应于我们自身社会的良好生活的需要区分开，这种论证模式可以广泛地应用于教育领域。在任何社会中，教育都是良好生活的需要，因为儿童必须在他们的社会群体的价值观、信仰和实

48

践中成长，以便将来能作为社会中的成员过上良好生活。在当代英国社会，对教育的要求有了更加特殊的形式。儿童必须具备特定的道德倾向和态度，还要了解复杂的工业社会的运行和历史根源，以及未来作为自主个体能够选择什么样的生活，所有这些都成为有意义的生活中必不可少的要素。

同样的区分也适用于其他领域。一般的健康观念作为良好生活的一个条件，和我们自己对健康更具体的要求之间有别，如果没有科学进步，牙齿护理和外科麻醉手术是不可想象的；某种避难所和我们现在认可的最低标准的体面住房之间有所不同；我们以不同的角色——如朋友、亲戚、邻居、同事和陌生人——进行社会交往，这其中多样的认可方式与不明确的社会认可之间有差别。这样的区别我不再赘述了。在前述范围和其他领域中，什么是基本需求并没有严格的规定，但是，可以预期它们将随着社会环境的变化而变化。在 20 世纪晚期，在某种程度上，没有人能不依赖机械化的交通工具或电话，而此前一个世纪英国人的生活则完全不是这样的。据我们所知，对下一代来说，家用电脑可能同样不可缺少。

如果社会和教育政策的目的在于促进人的良好生活，那么我们就有充分理由按照前两节提到的明确方式使之实现，即一方面使每个人成为自主的行动者——在实现人生的主要目标的过程中，关心自己的同时也关心他人；另一方面，则是把良好生活所需的先决条件以我们基本生活需要的形式加以满足。

自主工作

自主工作在刚才描绘的良好生活中具有怎样的地位呢？我们在前文将自主工作界定为一种活动形式，这种活动形式的最终产品是行动者作为主要目标而选择的。自主工作可以是有报酬的也可以是无报酬的。如果它是有报酬的，那么它不仅是一个人谋生的最佳选择，而且是一个人即使不需要谋生也愿意做的事情。鉴于人的自主性有程度上的不同，从一系列案例中思考自主工作有助于我们的理解。首先想象一个记者，她有来自投资等的非工资收入，对她来说，写文章就是主要目标，尽管她得到了稿酬，但她不是为稿酬而写作的。其次，有人选择做护士工作，虽然她需要这份工作的工资，但相对于某些如果不是出于必要的原因就不会选择当护士的人，她更愿意尽职尽责地做护士，她把护士工作置于价值序列的最高层。如此，这名记者和护士就是接近理想的自主的工作者。相比之下，某些人需要有一份工作，且同样想做护士，但只是把它当作"糟糕的工作中最好的一个"，其工作只是为了赚钱，得过且过地履行义务，这样的护士工作根本不能被视为自主工作。

自主工作的最终产品可以是对其他人有用的产品或者服务，也可以是对自己有特殊意义的物品，还可以是某种客观存在物。

对他人有用的产品和服务包括有助于满足他们的基本需求的产品和服务。鉴于本书是以一种非常宽泛的方式来审视工作在人们生活中的地位的，我们必须注意，不能把我们现在所知道的各种职业都列出来。刚才列举的有偿护理工作就有这方面的危险，不过在这种情况下危险极小。若我们能够从当下的职业构成中取一种理想的情况，在既关心自己也关心他人良好生活的自主行动者（ethically-sensitive autonomous agents）中，有些人很可能会把关心和照顾病人作为首选目标。我们可以有把握地说：因为我们知道健康是人的一项基本需求，而且我们知道人们在成长过程中会关心他人的良好生活，因此，关心健康将是这份关心的一个具体方面。我们也可以合理地认为，医疗保健不能留给个体独立行事，而必须建立复杂的专业组织。

同样的标准也可以用于其他形式的自主工作，如抚养孩子、教学、耕作、设计和建造房屋、制作服装与家具和生产其他必需品的工作，以及解决民事问题的法律工作和政府管理活动，还有那些直接回应和满足人民群众需要的民事工作。

以上例子主要与人的基本需要相关，但从更广泛的意义上理解，基本需要不仅包含了生存需求，也包含了在现代社会中对良好生活的需要。我们可以有把握地预计，许多有理想的自主的人将对以满足这些需求为目标的自主工作感兴趣。

他们中的一些人仍然会在促进他人的良好生活的前提下寻求自主工作，但目的在于满足个人爱好而非出于生存需要。我认为个人的良好生活部分地与满足人的主要目标有关。有人可能想在管弦乐团中演奏单簧管，但不是出于生存的基本需要。同样，我们也应该有足够的志愿者担任单簧管制造者、单簧管教师、乐团指挥、音乐会组织者等等。还有一些人则热衷于当园丁、电影爱好者、壁球运动员、摄影师……。有大量的自主工作机会来满足这些爱好，只是要始终记住，工作者所做的工作必须要构成其主要目标，即工作不仅是为了谋生，不仅是达到目的的手段，还是一个人整体生活的重要组成部分。

一般来说，我们可以得出这样的结论：在一个理想的世界里，许多自主的行动者可能会选择从事满足他人需求或满足自身更重要的目标的活动。即使他们靠这些活动谋生，他们仍然会作为自主的人参与到这些活动中，因为他们选择这些活动主要不是出于谋生的目的，而是因为这些活动构成了他们理想生活方式的一部分。只是在大规模的社会中，许多形式的自主工作不得不被组织到官僚主义的形式结构中。

自主工作的目的既可以指向自己，也可以指向他人。比如照料自己的花园或者装饰自己的房屋，我再一次预设他们的主要目标就是这些。当然，这些例子不是为了说明作为自主的人的目标是要拥有一个精心照料的花园或者装饰精美的房子，而是——从行动者的角度来看——由"我"照料我的花园，由"我"装饰我的房子。毫无疑问，在我所描写的理想社会中，很多人愿意从事这种更具个性的自主工作。

最后，还有一些自主工作，其最终产品不像房屋或花园那样与自己

50

相关，而是较为客观的存在物，如哲学或科学理论、传记或历史等智力产品。艺术作品介于个性产物与客观存在物之间，这取决于它们的表达形式，艺术有不同的形式和内容。有些人会选择第三种类型的自主工作，但人数可能比选择前两种类型的人要少。

这些就是自主工作的全部种类了吗？在第 1 章中，我们讨论了我们所知道的一些工作能够吸引人的各种特点，这些特点可以使它们被贴上"好"工作的标签。这些特点包括高的社会地位、社会交往和获得社会认可的机会、凌驾于下属之上的权力、高薪和养老金、独有的健康福利、公司配车、商务午餐或充分的休息时间、舒适的工作环境、优厚的假期、广泛的决策权等。假设（这也很有可能）一些现在从事带有这些福利的工作的人会愿意从事这些工作，由于没有谋生方面的困扰，他们被理想化地看成是自主的人。（我们将不得不把经济收入排除在外。）根据我们之前提到的标准，他们的工作难道不属于自主工作吗？

不一定。自主工作要求行动者在他们自己选择的目标中有产出的目标。自主的护士帮助他人恢复健康或提供安抚；自主的木匠制作橱柜和扶手椅。那么从事一份"好"工作的人，如罐装豌豆工厂的高管会产出什么呢？显然，他会帮助生产罐装豌豆。但是从我描述的自主且关心他人的理想角度来看，生产罐装豌豆会是他人生的主要目标之一吗？可能性很小。那么对此更宽泛地说，比如帮助人们生产和加工食品，会是其目标吗？同样，可能性也不大。哪怕他有其他收入来源，他的工作对他的吸引力——这份工作依然令其满意并使其愿意从事它的原因，也在于高社会地位或凌驾于他人之上的权力。这些原因不一定非与生产豌豆相关，在银行、在保险公司、在制造电脑零件的公司里，他都可以得到。说得更确切些，这样的目标也不属于有最终产品的目标。这样的例子在现实世界中也常见，寻求高社会地位是寻求社会认可的一种：一个人的主要目标是让别人敬仰他、关注他，甚至是羡慕他，而不是像木匠或护士那样，生产他人需要的物品或为他人提供所需的服务。与寻求凌驾于他人之上的权力一样，他的动机指向自己，而不是为了他人。

自主工作不一定自动包含工作中的自主活动。除非有其他的概念界定，否则它应该限于上述详细说明的三种基本类型。

现在让我们由逻辑辨析转向伦理问题。自主工作在个人的良好生活中具有什么样的地位？自主工作是良好生活的必要特征吗？我们需要自主工作吗？

我们应该重新审视认为工作是人的需要的哲学家。我们讨论了"以需要为基础"的三种文本，其中，多亚尔和高夫合著的《人的需要理论》以及塞耶斯所写的《工作的需求：哲学的视域》看起来并不是关注"自主的"工作，或者可以说主要不是关注"自主的"工作。多亚尔和高夫说"主动参与全面的劳动分工"是一种基本需求。但是，当一个人的工作不是自主的的时候，他也可以参与劳动分工。塞耶斯常把工作和拥有一份工作等同起来，他的观点与多亚尔和高夫的观点很相近，都没有涉及"自主的工作"。他在括号中提示性地写道："工作（排除那些最令人反感和有辱人格的工作）现在从主观感受上来说也是一种需求。……它是一种极其重要的需要，一种需求。"（Sayers，1988，p.741）不令人反感或有辱人格的工作看起来涵盖了比自主工作更多的内容。

在三位作者中，诺曼近乎认为自主工作构成了人的一种需要。他主张我们都需要"有意义的非异化的工作"。如果我们看这两个形容词中的前一个，我们就可以问有意义的工作是否一定是自主的。这当然取决于"有意义的"的含义是什么。对于施瓦茨来说，有意义的工作指非机械的、运用智慧、允许人参与决策的工作。正如我们所看到的，她认为每个人都有权利从事这样的工作，这源自人拥有自主生活的权利。在讨论她的观点时，我有个疑问：一个符合她对意义工作要求的人，例如制造超市手推车的雇员，是否一定要从事自主工作？只有在她选择制造手推车作为她的主要人生目标时，也就是说她赋予了制造手推车重要的个人意义时，制造手推车才会是自主工作。如果（也是很可能地）许多人在她这种情况下不

52

愿意这样做，那么有意义的工作就不一定是自主工作。诺曼是否与施瓦茨对"有意义的工作"有同样的理解，我们不得而知，但至少它得是非机械的，并且在某种程度上是具有创造性的工作。不论怎样，诺曼认为有意义的"非异化"的工作才是人的需求。他这样写到劳动：

> 当劳动是有意义的、创造性的，并具有自我表现等特征时，……它便构成了一个人生活的中心，劳动给予个体——他或她一种身份感，由此被人认可和确信。劳动唤起一个人的力量，激发一个人的才能。异化劳动缺少这些特质。当劳动变成仅仅是为了赚钱而对工人没有内在意义时，当劳动变成一项他没有发言权、自身也毫无投入努力的活动时，劳动就失去了其积极的特质。（Norman，1983，p.175）

这一观点更全面地展示了他所言的人的基本需求。在这一预设基础上，他心目中的这种工作看起来确实是自主的：因为工作对工人来说具有相当大的个人意义，所以它似乎一定会成为被选择的主要目标，且工作本身还具有内在的重要意义，而非为了达到未来某一目的的可替换的手段。

如果说自主工作是人的一种需求，它对我们的良好生活是必要的，那么其依据是什么呢？在对诺曼观点的讨论中，我们注意到他在这方面存在的不足。除了诺曼的观点之外，在众多可以被列为主要目标的事务中，一个人如何才能把自主工作的需要确立为主要目标呢？自主工作可能是良好生活的一个组成部分。但是，也有合理的反例，像艺术创作、工艺活动或社会服务，还有像骑车、宗教沉思、在英格兰南部开阔的丘陵地带徒步旅行、听音乐和外出用餐这样的活动。这些活动都不会产出任何类型的产品，但它们都可以成为一个人投入其中的主要活动。除了活动之外，人的主要目标还可以包括渴望成为某种人——成为友好而有礼貌的人，成为一个公正的人、一个讲原则的人。如果所有的目标不是都以工作为目标，那么，工作必须作为主要目标出现在每一个人的主要目标中吗？一个人可以围绕着不工作而自主地生活吗？

　　我们同意，我们当中的许多人，几乎可以肯定是大多数人，如果有选择的权力，很可能会把追求最终产品作为目标，至少会把它作为人生规划的一部分。但是据我所知，我们没有必要这样做：排除非法致富等不道德的目标，我们的笼统规划是在一定限度内做出的，如何规划取决于我们自己。摩尔（G. E. Moore）在《伦理学原理》中描述的"布卢姆斯伯里派"的生活理想（'Bloomsbury' ideal of life）①是美的享受和朋友间的友谊（Moore，1903），工作，甚至是自主工作在其中都没有位置，在精神生活中，一切都服从于对上帝的沉思。差不多所有人都希望以某种方式把自主工作融入生活中，但它似乎不是一种严格的需要。

　　这里可能出现的一种反对意见是，尽管人们可以想象没有工作又有良好的生活，但这只能基于某种有限的良好生活的观念，有限的良好生活观念是不需要太多地关心他人的良好生活的——如果尚存在对他人生活的关心的话。那些富有的、以自我为中心的无所事事之人可能会在众多享乐中找到满足感。布卢姆斯伯里派的理想至少会追求朋友间的友谊，但他们的利他感在沙龙和客厅之外就消失了。如果我们持有的自主的良好生活观念内在地包含关心一个民族和其他国家人民的需求和愿望，那么在主要目标中是否必然包括以某种方式服务他人，如满足他人物质或其他方面的需求，或帮助他人实现其重要目标？如果是这样，自主的良好生活会不包含自主工作吗？

　　不一定。即使一个人将一生的部分时间用来为他人工作，这也不一定是一份自主的工作——哪怕他是一个自主的行动者。一个人可以自主选择去制造超市手推车或生产回形针，这些产品对其没有任何个人意义，但他挣的钱可以使他过上体面的生活，而且，他不但关心自己的需要和愿望，

---

①　"布卢姆斯伯里派"指的是住在伦敦布卢姆斯伯里的一些著名艺术家和作家，他们最看重的是对美的热爱和朋友间的友谊。——译者注

还关怀他人的需求和愿望。

迫切要求自主工作成为美好生活中不可或缺的成分，就忽视了良好生活概念的灵活性及其存在的多种形式。认识到这一点具有重要的教育意义，因为对年轻人来说，坚持自主工作的不可或缺会限制他们多样的可能性，更没有理由相信自主工作必定是人生活的"中心"。有些人希望自主工作是生活的中心，但是与这样的"工作狂"相比，其他人更喜欢各种类型的主要目标。借用艾赛亚·伯林（Isaiah Berlin）的话来说，我们大多数人是狐狸，很少有刺猬①。社会政策应该促进多种生活方式——无论是现实的还是潜在的多样生活方式得以实现，使人们能在广泛的生活目标中做出选择，而不是让任何形式的自主工作成为每个人的生活的主导特征。

他律工作

对许多人来说，如果人们曾做过的唯一工作是自主的，那将是一个理想的世界，也就是说，即使他们不必依靠这份工作获得收入，这份工作也将是他们的主要爱好之一，但现实并非如此。排水沟需要铺设，道路必须修复，地毯需要吸尘，公共汽车必须行驶，商业信函需要打印。在任何现代社会中，有各种各样的工作需要人去做，而其中很少是人们愿意做的，只是不得不做而已。因此，一些他律工作不可避免。（此后，我将使用"他律工作"来表示"对工作者本人来说没有意义的工作"。事实上，这就排除了传统习俗社会中农民的他律工作，但这并不重要，因为我们给出的准则是自主的人的良好生活。）但是，如果社会理想是让每个人都过上一种良好生活，那么，就要有充分的理由说明他律工作必须尽可能地与良好生

① 《刺猬和狐狸》由哲学家艾赛亚·柏林著，1953年出版，此书深受大众的欢迎。书中引用了古希腊诗人阿尔奇洛科斯（Archilochus）的一句话："狐狸知道很多事情，但刺猬只知道一件重要的事情。"——译者注

活相容。对此，应该如何给出理由呢？

在此不宜讨论细节，但是，我们前面的讨论有一定意义，哪怕只是粗略地提一下也会有帮助。首先，作为一种约束，他律工作与自主生活的理想表面上有冲突，他律工作似乎会阻碍而不是促进一个人的良好生活。那么，未来努力的方向是设法将他律工作降到最低限度吗？并非一定要严格遵循这一点。因为一份工作表面上的不利因素可能会被附带的经济收入或心理上的好处所抵消，例如，如果一份原本无趣的工作一天工作两三个小时就能得到很高的收入，那么同样会有人愿意去做。然而，如果他律工作不被减少到最低限度，至少也要被减少，这似乎是可取的。特别是因为在很多情况下，他律工作表面上的缺点不太可能以这种方式被抵消。如果英国等发达国家足够富裕，能为大多数人做到工时少却支付高工资——这不合常理——情况将迥然不同。因为，如果我们一直持有工作中心的预设，那情况将变成：明智的政策是创造条件，使每个人都有从事特定工作的时间，不论是自主工作还是他律工作。随着工作中心观念的消失，逐步减少他律工作似乎是最好的办法。

这个建议至少基于两个进一步的预设：一是摆脱了工作中心观念而培养出的具有自主性的人，更倾向于优先考虑自己的时间安排；二是在不影响社会福祉的情况下减少他律工作的总量。第一个预设可以相当肯定地说是根据已有经验提出的，但我希望它是基于人性的经验。第二个预设似乎也是从经验中来的。但是，这里有很多细节需要注意，而且存在不同观点间的价值冲突，不同主张可能达成的共识是：有些他律工作比其他工作更重要，而在不那么重要的地方，有些他律工作则完全可以取消。

在多大程度上、以何种方式减少他律工作？这使我们超越哲学领域，转向技术研究，如关于自动化应用的范围。也就是说，所有迹象都表明，20 世纪中叶以来，自动化技术的巨大进步将持续到 21 世纪。

关于减少他律工作，从哲学的角度有三点需要说明。

他律工作包含了高收入的管理工作和其他繁杂枯燥的工作，还包括愉悦程度不同的他律工作，我下面提出的三点指的是这些区别。

1. 我首先关注的是劳动力市场中的"上层"。在讨论自主工作时，我提到了一些高层管理人员，他们对产品没有个人兴趣（如豌豆罐头、杀虫枪），但他们的工作确实为自身带来了权力、地位、社会关注度和认可度等有重要价值的东西。问题在于：是否存在一个临界点，超出这个临界点，工作中伴有这类目标的追求在伦理上是不可接受的？

渴望获得社会认可是人类生活根深蒂固的特征。像灵长类动物和家养宠物都想要被注意一样，这些欲望有其生物学基础，获得他人的认可就是这种欲望在人身上的表现形式。这要求我们尽量不忽视他人，而是向他人表示我们意识到了他们的存在，认可他们的言行举止。得到他人的认可似乎是人的基本需求，甚至可能是人的生存需要，无疑也是任何一种繁荣而充实的存在（flourishing existence）之需要（White，1994a）。

得到他人的认可是一种需要，但不一定是一种目的。我们彼此尊重，得到认可我们欣然接受，但我们的目的却不是追求认可。在大多数情况下，认可根植于我们习以为常的社会生活中。有时候认可不仅是目的，还是发生在我们身上的事情，这通常不会引起伦理方面的问题，或者不太会令人惊讶。业余画家们在当地图书馆参加夏季画展，他们的小小虚荣心是日常生活中可被接纳的一个弱点。但是，将认可作为一个人生活的中心目标却是另一回事。从人拥有良好生活的观念出发，这样做是有风险的。因为，无论怎么想象，这都可能使一个人过度依赖他人的高度关注。如果良好生活的观念还包括善解人意的内涵，即本书倡导的一个人既关心自己的良好生活也关心他人的良好生活的话，那么任何把认可作为实质性目的去追求的行为就很难出现在良好生活中，因为这会要求别人根据要求者的愿望给予承认。就像一个想成为著名喜剧演员的人不能强求观众为她的笑话发笑一样，有时，这可以说是一种无法执行的要求。而我们的高管有不得不听的听众，能促使下属给他以生活所需的尊重，或者是满足其他的需要。这就违背了自主的良好生活之社会理想，因为下属被限制性地具有——或者至少表现出具有别无选择的目标。出于这个理由，一个人把在工作中获得较高地位作为主要目的去追求，这在伦理上就是不可接受的。

我们想象中的管理者还会有另一种动机——想拥有凌驾于他人之上的权力，这样的动机作为更大筹划的一部分，以亲切的形式出现。一位教师一心一意让学生学习，她以各种方式希望学生照她所说的去做。但她不想为了权力本身而拥有教师的教育权力，更不要说把"权力"作为人生的主要目的了。教师与那些追求高地位的人一样容易受到批评：两者都涉及让他人去做他们可能不想做的事情。身处高位往往会得到很多关注和尊重，拥有权力则可以指使人做事。当对权力或地位的渴望带有**幸灾乐祸**的成分，即以给他人带来痛苦为乐，或者是引起他人的痛苦、恐惧或嫉妒时，那么这种行为在伦理上的不可接受性就更明显了，这也可能是我们职业文化的一个特征。

我的这些意见与减少工作问题的联系应该是明确的。如果过分依赖社会认可和权力，这样的工作在伦理上就存有缺陷，如此，就提出了改变这种工作的一个理由。但我不确定这在多大程度上指向了施瓦茨式的方向——削弱管理者与被管理者之间的区别，还是在朝着更诚实的管理者观念发展。

2. 我想回到令达伦多夫感到惊讶的现象：他发现与其他欧洲人相比，很多英国人是那么享受长时间的工作。

乍一看，英国在工作方面有一个奇怪的悖论。一方面，与其他欧洲国家相比，工作占据了英国人生活的大部分时间；另一方面，英国人似乎与其他国家的人相比不太努力工作。对大多数人英国人来说，工作仍然是他们生活的中心，如果还存在一个工作社会的话，那就是英国。当一个人听到 1980 年英国人的平均工作时间比欧洲大陆人的平均工作时间多 238 小时，他一点也不会惊奇。而且，还有另外一面：在英国，一个人生活在工作中，这是说一个人不是为了工作而去上班，而是为了度过愉快的一天。（Dahrendorf，1982，pp.45-46）

达伦多夫在此前引用的一段话中明确表示，他写这篇文章并非对英国人持批评态度。他说："我们所描述的是英国人生活非常愉快的原因之一。英国人的生活如此丰富多彩、自然而然，令人羡慕。"（Dahrendorf，1982，pp.45-46）我赞同他的观点。不仅在英国（如果特别是在英国的话），人们的确能享受工作带来的好处——良好的伙伴关系、相互认可等等。我觉得达伦多夫可能只是有点通过玫瑰色或者红白蓝等有色眼镜来看问题。人们并非经过选择而自主地形成这种生活模式，他们必须工作。英国的文化使工作成为他们生活的中心，且工作可能还相当枯燥乏味。正如我在第1章中所提到的，英国人接受了不可避免的工作观念，并在其中融入了一些个人成就感。如果工作对他们来说不是出于经济上的需要，那么他们是否愿意通过他律工作的生活获得这些形式的满足？还是他们愿意通过其他方式获得满足？如果现在问他们，我想很多人会选择后者——他们不一定想要完全摆脱他律工作，却愿意花更多时间去追求其他事情。如果是这样的话，这表明可以减少他律工作的总量，从而使人们理想的爱好得以实现。人们会更清楚地认识到，他们一直做的工作是实现其他目的的一种可替代的手段。

如果他们有其他收入，还有多少人仍愿意从事他律工作？对于这个问题的回答可能会反映工作中心观念的影响程度。如果他们对这一观念的起源和它在文化中的地位有更充分的了解，以及在伦理方面对自己良好生活的构成有更充分的理解，那么，他们对多种他律工作的意向很可能比原本的要多。

3.我的第三个评论是关于不愉快的工作，如机械的、累人的、危险的或枯燥的工作的。为了个人良好生活而减少这些工作的理由是无可辩驳的。在我们的社会里，对人们的基本需要和爱好来说，很多工作生产的是多余的商品，或其提供的是不必要的服务，这些商品和服务依赖大量的广告来让人们想要购买它们。在我们的消费社会，大量浪费的背后堆积了一大堆不必要的他律工作。个人的良好生活会受到消费主义的诱惑和消费压力的双重打击，这会打破消费者价值系统的平衡，并且还会迫使消费者自己或是他人作为生产者，在劳动上花费太多的时间。

我所说的"打破消费者价值系统的平衡"是什么意思呢？让我重新引入"主要目标"的观念。我们的目标是按照重要性来系统排列的，顶层的主要目标具有最重要的意义，然后是次要目标，当它们之间发生冲突时，顶层目标通常会战胜不太重要的目标。以我自己的情况为例，我的一个主要目标是哲学思考，而一个小目标是到餐馆吃饭。如果两者必须取舍，我可以放弃后者而不是前者。这并不是说出去用餐对我没有任何价值，就像许多不那么重要的事情一样，它对我完满的良好生活有帮助，但它必须在我的整个精神世界中找到适当位置，在某些时候让位于更重要的事——哲学思考胜过不太重要的活动。

从良好生活的角度看，教养与心理调节有很大关系。我们渴望在不同层级上实现不同的目的，我们的性情有一定的结构特征，它们相互作用才使一个人的诸种性情处于和谐状态。这些性情就被称为"美德"。美德在调节情感和欲望方面也发挥作用，尽管在实践中两者通常会结合在一起。自我控制的美德与管理我们的愤怒情绪和报复欲望有关。在生活中，我们需要合情理地宣泄愤怒（有些人，特别是一些女性，可能会压抑自己的愤怒），但暴怒会妨碍其他事务。因此我们需要自我控制的美德。

在需要调节的欲望和相关情感中，食欲和性欲是人的生理欲望，由此需要的美德就是节制。再说一次，这些欲望本身是好的，它们的满足所带来的快乐可以极大地促进我们的良好生活。但是，无论这些自然欲望多么强烈，它们的满足绝不总是我们最重要的目标，而且往往还是不得不让位的目标。有时舍弃它们是很困难的，因此我们需要节制。

构成我们自然生理欲望的另一部分，看来就是上面讨论过的社会认

58

可的欲望。社会认可的欲望像食欲一样，它本身不存在好坏或对错的价值判断问题。彼此间的相互尊重是正常人际交往的一部分，有助于我们更好地生活。但是，就像食欲，社会认可的欲望也会失控、发生转变，变成贪婪，变成对关注度或名望的过度欲求。在这两种情况下，重要的目标可能受到威胁或被撇在一边。对保持适度的认可这种美德，我们尚没有一个特殊的名称来表达（即使是人的生理欲望，我们也只有哲学家使用的奇特的"节制"这一词语，所以很容易与这个词语具有的"抗酒精"含义相混淆）。排除与基督教可有可无的联想①，"谦逊"一词与这种美德最为接近了。

我们的消费主义社会有一种充满诱惑的文化。报纸、杂志、电视和广告把地位、性别、食品和饮料作为商品，使想象出的商品或产品所带来的快乐充斥我们的价值视野。而比这些想象出的快乐更普遍的诱惑是购买商品本身的诱惑，也就是说，人们几乎以买东西为目的而不管自己是否需要它，就像我们在 Our Price 店、Waterstones 书店或者是 Next 连锁店的时候②，即便没有看到有什么需要买的，也不能空手出来，总得买点什么。人们在多大程度上被这些目标所左右，或者被这些目标所诱惑而偏离了有价值的目标，我没有统计数据。但如果从印象上来看，以及从媒体大亨们继续投资数十亿英镑做广告宣传来看，这些诱惑和转移人的价值目标确实是明显的，那么这与减少工作的问题有什么关系吗？

它们是这样的关系：人们购买大量的商品和服务不是因为需要，或者不是为了更充实的生活，而是出于诱惑。如果我们能更好地理解并抵制这些诱惑，就不会那么想买东西了。如果是这样的话，制造这些商品的他律

---

① 在西方文化中，谦卑是一种源自基督教的美德——在上帝前谦卑是一个基督教徒的责任。作者用"可有可无"这个词，是希望人们可以把这一观念从它与基督教的历史联系中分离出来。——译者注

② Our Price 店主要销售 Shirley Price 的产品，它是极负盛名的芳疗品牌，公司由雪莉·派思（Shirley Price）女士创办。Waterstones 是英国著名的连锁书店，分布在欧洲等地区。Next 是英国本土的服装品牌。——译者注

工作也就少了一些吸引力。

我希望以上这些有助于解释我所说的"打破消费者价值系统的平衡"。为推进对这个问题的思考，我现在回到工作中心地位的观念上。由于对消费主义的痴迷，社会一直保持全力投入生产的状态，这就使 16 世纪创造出的工作中心地位的观念直接延续到 21 世纪。一个人的生活越是被他律工作所占据，他就越没有时间安静地思考自己的生活以及什么才能使生活有价值的问题。就像人的性格具有各种倾向性一样，对自己该怎样生活的问题，有人想很多，有人却不大思考，莎士比亚笔下的哈姆雷特则想得太远了。在我们这个忙碌的时代，有太多人不大想这个问题。当然，正是为了生产和销售诱惑人的产品，这些人才既缺少时间，也没有意愿正确地思考生活意义的问题，因为一刻不停地拼命干活带来的可不止一种好处。

我们可以很好地减少他律工作的总量，因为太多努力花在了生产人们不需要的商品或者是他们想清楚了就不会选择的产品上。我不知道我们是否能像罗素建议的那样每天平均工作 4 小时，但如果英国能像一些邻国已经或打算做的那样，开始系统地减少工作时间，那将是一件好事。我们已经在达伦多夫的描述中看到，1980 年英国人的工作时间比欧洲大陆人多了 238 小时。1986—1992 年，英国的平均每周工作时间几乎没有变化，而荷兰的平均每周工作时间却减少了 6.5 小时以上（Central Statistical Office，1989，p.78；1995，p.71）。汤因比在《早九晚五怎么样了？》这一报道中称："在英国，60% 的男性一周的工作时间超过 40 小时，而在欧洲其他地区，工作时间超过 40 小时的人还不到一半。三分之一的英国女性一周的工作时间超过了 40 小时，而欧洲其他地区只有 14% 的女性有这么长的工作时间。"

如果英国效仿欧洲大陆国家的做法，那就太好了。

如果我的预感正确，英国人现在正在反思自身生活方式的基本特征，而且没有什么能像一个新的千年之交（比仅仅是一个新世纪好十倍）让我们所有人坐下来思考我们应该走向哪里。那么，或许我们可以希望工作中心地位将被合理地削弱，有迹象表明这种情况已经发生。人们正在适应新的工作方式和非工作模式：工作只持续几年，而不是一辈子；做兼职工作，虽然有时是被迫的，但有时是为了支持自己的另一种生活——做一个歌手兼词曲作者或者是珠宝饰品制作商；还有弹性工作制、工作分担制^①、提前退休等。虽然这些常常是出于需要，但也增加了自主生活和自主工作的可能性。从历史长河中漂浮而来的工作中心这块观念浮冰，最终可能会被融化。

生态保护运动对此可能会有所帮助。现在每个人都知道，世界无法继续以 20 世纪消费主义所需的规模生产原材料。每个人都知道，正是消费主义导致了污染。上面提到良好生活的观念被扭曲，尽管这一伦理困境未能改变人们过度生产的态度，但是，石油供应的紧缺、森林面积的减少和臭氧层的破坏，对这些迫近问题的切实担忧，都可能成为推动减少生产的更大力量，从而也会减少他律工作的时间和总量。

正如罗伯特·迪尔登（Robert Dearden）曾说的，对生态的担忧可能会产生哲学的后果，即促使我们重新思考自主的良好生活的观念。我们需要调整我们的生活目标，从掠夺地球转到给予地球上来，在孩子们小的时候就教他们认真考虑、慎重选择，以减少对环境的破坏。就像对可能目标的伦理约束是阻止犯罪或是防止过度追求声望一样，环境的约束也应该让孩子们远离全球性的奢华的生活方式。

生态保护运动是反对功利主义经济发展方式的重要力量。功利主义在经济发展方式上强调福利最大化，这体现在企业和政府无限制地追求增加产量、刺激经济增长、提高利润和提升国民生产总值上。20 世纪 70 年代中后期到 90 年代中后期，哲学家们对功利主义伦理学进行了激烈的批判。功利主义预设的最高道德原则——最大化幸福——已被证明是没有根据的。像迈克尔·斯鲁特（Michael Slote）这样的思想家就主张"满足"政

---

① 两个人分担一份全职工作，报酬分摊。——译者注

策（Slote，1989），即呼吁人们拥有足够的生活用品，而不是要求尽可能最好的"优化"的方式和方法①。威廉斯（Williams，1985，p.178）则有力地说明了在"道德建制"中，功利主义的道德理论缺少说服力，因为它把道德义务置于我们生活的中心。无论是对个人还是对社会，如果我们的最高道德义务，即追求普遍幸福最大化的观念受到挑战，那么我们努力实现这一目标的义务也同样要被削弱。幸运的话，在个人生活和社会政策中，人人满意的生活中心地位可能会取代工作中心地位。

以上三点是我对减少他律工作的可能性所做的哲学审视。下面我将转向更一般性的结论。

迈向活动社会

在 21 世纪，工作在我们的生活中应该居于什么地位？对此有两种不同的回答。

第一种观点仍然认为工作（主要是他律工作）应该占据中心地位。工作中心地位的观念具体来自基督教、传统道德及市场经济的支持等方面。如果其所依附的这些意识形态衰退了，加上经济压力而导致旧的就业模式改变，那么工作应该居于中心地位的观点将会越来越站不住脚。但是，这一观念得到了精神和政治层面的广泛支持，且它还根植于古老的英国文化中，这些都使得它难以迅速地被动摇。正如达伦多夫所言，"至少在官方思维和行动中，工作社会将仍然存在"（Dahrendorf，1982，p.185）。实际上，当前就业模式的转变可能会在支持工作中心观念的同时也破坏这一观念。失业或被迫退休的人越多，保住一份日益稀缺的全职工作的愿望就

61

---

① "优化"的方式和方法指人们不仅能拥有足够的生活物品，而且追求更多，从而拥有最好的物品。例如，不仅住的地方要体面，而且要有许多大房间，带游泳池和漂亮花园，还可以看到美丽的乡村景色，等等。——译者注

越强。

第二种主张是必须挑战工作中心地位的预设，并将这一挑战转化为政策和改革。这种主张又具体表现为激进和温和的两种态度。

首先看激进的观点。高兹主张"一个根本不同的社会"（Gorz，1985，p.1）。他说："不可能用修修补补的解决办法，这些障碍只有通过整体调整、全面转型才能克服。"（Gorz，1985）他提出的前进方向是从他律工作中解放出来，也就是从经济体系中全面的"社会生产劳动"中解放出来。由于"社会生产系统的运行像一台巨大的机器，所有单独的活动必须从属于这台机器"（Gorz，1985，p.51），因此，个人选择和主动性的范围受到严重限制。多亏了自动化，现在可以从技术上大幅度减少为满足需要而必须做的他律工作。高兹认为，在世纪之交，每个人都有希望并且有权利一生中做20000小时的他律工作，这将是现实的。["在一个平等的社会里，人们选择竞争小、更轻松的生活方式的可能性会更少。"（Gorz，1985，p.41）] 这些工作时间在一生中的分布方式可能有所不同：可以是做10年全职工作、20年兼职工作，"或者更有可能是在40年里间歇性地工作，兼职与休假交替，或从事无报酬的自主活动、社区工作等等"（Gorz，1985）。作为20000小时工作的回报，每个人都能得到终身的收入。在新的"自主领域"中，人们将能够从事非经济活动，"而这些活动正是生活的组成部分，参加这些活动不是为了金钱，而是出于友谊、爱心、同情心和关心，或者行动者从活动过程和最终结果中获得的满足、快乐和喜悦"（Gorz，1985，p.48）。这些自主活动包括自愿参加当地社区的非必需品的生产活动，或者是小规模的非必需品的生产活动。

作为一个相信工作中心地位的人，塞耶斯对高兹的主张持怀疑态度，这并不奇怪。在塞耶斯看来，高兹提出的工作准则过于苛刻。根据塞耶斯的说法，工作准则不是统治阶级的意识形态，而是在一定历史发展阶段中对人深切感受到的需要之反映（Sayers，1988，p.729）。尽管高兹含蓄地承认了人们被解放出来后在自主工作中运用创造力的重要性，但他认为，

"这种成就感只有在职业范围之外才可能实现，异化使我们远离了真实的人性"（Sayers，1988，p.730）。但在塞耶斯看来，这不是真实的。虽然没有人愿意从事收入低和卑微的工作，但大多数人能"从工作中获得真正且重要的满足感"（Sayers，1988，p.731）。此外，塞耶斯与高兹相反，他赞同传统工人运动的观点，即"休闲时间是对工作时间的补充，而不能替代工作时间"［转引自霍达（M. Jahoda）1982 年所著的《就业和失业》］。

我发现自己介于高兹和塞耶斯之间。前者认为"自主领域"应该是生活的中心，后者则认为有偿工作领域是生活的中心。两种主张的出发点都太过偏激，都是针对体制结构而没有涉及基本价值观。我希望我已经阐明了我的出发点：每个人的自主的良好生活本身就包含了对他人良好生活的关心，这应该是生活的中心。而一个人自主的良好生活要求在多大程度上和以何种方式从事自主工作，或者是从他律工作中解放出来，还是次要问题。

我们需要澄清术语上的困扰。高兹对"他律工作"一词的使用与我不同，如上文所引用的那样，对他来说，"他律工作"是"工作形式和目标由国家或欧洲大陆生产组织所决定的"工作（Gorz，1985，p.50），换句话说，是在经济"大机器"系统内的有偿工作。对我而言，"他律工作"意味着活动者在生活中没有选择其工作所生产的最终产品作为主要目标。这两个概念并不相同。在我使用的"他律工作"意义上，高兹所说的一些他律工作可以是自主的，也就是说，一个人面对自己在经济体系中的工作，如当护士或做记者，即使不依赖它作为收入来源，也会将其作为一个主要目标来选择。

正如塞耶斯充分说明了的，高兹错误地将个人成就与摆脱经济体系中的雇佣工作联系在一起。除了刚才提到的反例——经济体系内的自主工作，我们不应忘记，倘若从自主的角度来看他律工作，其带来的好处胜过负担，那么自主的行动者可能欢迎他律工作。（这里的他律工作涉及最终产品，这些最终产品对生产者的主要目标而言没有个人意义，如生产超市

62

手推车或熨衣板。）高兹所谓的"自主领域"并不像我提出的"自主的良好生活"那样被界定为一个根本现象（a primordial phenomenon），而只是与高兹意义上的他律工作概念相对应，因而依赖于他的这一概念，其所说的"自主领域"不是人类生活的中心，承认这一点并不意味着你就同意塞耶斯的观点——有偿工作是生活的中心。人类生活的中心有比高兹和塞耶斯提出的更为根本的方面，这把我们带回人类的基本价值。

基于这一认识，我想谈谈闲暇与闲暇社会。如果上文中我最后的观点是正确的，那么闲暇不应比"劳动"或"工作"更成为人类生活的中心。无论从什么意义上理解"闲暇"，这似乎都是正确的。闲暇的一种意思是指"人们从义务性工作或被迫做的事中解放出来的时间"。这一含义没有引入个人自主的观念，它可以用于个人自主几乎不为人所知的社会。中国电影《大红灯笼高高挂》描绘了一个财主和四个姨太太之间的关系，张戎在《野天鹅》中描述了她祖母早年作为军阀姨太太的生活（Chang，1993，ch.1），我们从中看到在那样的社会中，作为丈夫权力和地位的象征，姨太太是怎样游手好闲、懒散度日的，但她远不能过自己的生活，因为她所做的一切受到严格规矩的限制。在她这样的情况下，闲暇不意味着自主，故没有理由把这种休闲视为人类生活中极其重要的部分。

在某种意义上，高兹所谓的"自主领域"是指从受约束的工作中获得自由，因而这也是一种消极的闲暇观念。但如今，闲暇确实意味着自主。然而，如上所述，如果认为高兹式的闲暇应该是生活的中心，那也是错误的。

工作之余的消遣和娱乐意义上的"闲暇"指的是一个人工作后的休闲时间，其主要功能是让人重新积聚力量以饱满的精神投入工作。这是伴随着对工作中心地位的拒绝而出现的闲暇观念。

还有一种闲暇观念源自亚里士多德，指的是一个在必要性工作之外的领域，它使休闲成为可能，人们在其中致力于追求自身的价值。在《尼各马可伦理学》第10卷中，亚里士多德对这一问题有具体的论述。在他看

63

来，最理想的闲暇方式是对永恒真理的沉思。在我们这个时代，他的这个观念是否适用于自主活动的人？与高兹的观念一样，亚里士多德的闲暇观念太偏激了，而且从一开始就无根据地排除了必要工作可能成为一个人的主要目标的可能性。正如特尔弗（E. Telfer）在《闲暇》一文中所指出的，亚里士多德的观点很大程度上贬低了工作（Telfer，1987，p.161），况且也没有足够的理由让沉思成为中心活动（Telfer，1987，pp.158-160）。

最后，特尔弗扩大了亚里士多德的闲暇所包含的内在善好的范围，除了对必然真理的沉思，还包括对美的发现、创造和思考，以及对人际关系的享有（Telfer，1987）。在这种意义上，特尔弗不想让闲暇成为人类生活的中心，因为她未必认为闲暇的价值高于对社会有益的工作。

现在我们回到主要论点。如果高兹对未来工作的描述是有缺陷的，那么有什么可以取代它呢？

哲学只能带我们走这么远了。还有一些技术方面的问题，如自动化可能会在多大程度上继续减少工作，还有如何在全体人口中分配工作的政治和经济问题。哲学方面的思考可能会在这里发挥作用，但仅靠哲学思考还不足以产生政策决定。这一告诫要说明什么？它告诉我们，哲学上的思考只能提供部分答案，而不是全部。

一个人生活的中心——这里的生活是指以自由民主原则为基础的现代社会生活，是关心他人的需要和喜好的自主的良好生活，而不是任何形式的工作，也不是任何形式的闲暇生活。一个人生活的中心在于作为主要目标去追求的成就、展开的积极活动、不期而遇的愉快事情以及融洽的人际关系。其中一些有最终产品，可以算作自主工作；另一些则缺少最终产品，根本不算工作。在一个人的主要目标中，工作目标必须占据突出位置似乎没有充分的理由，或者根本没有根据。同时，鉴于自主的良好生活中含有利他的维度，人们会期望大多数人会用部分时间以某种方式为他人服务。更宽泛地说，由于人生命短暂，而且人们根深蒂固地希望在短暂的生命中留下一些自己的痕迹，人们会期望大多数人将他们的智慧和精力投入到生产活动中去：因为很少有人会仅仅满足于完全由非生产性活动带来的快乐构成其生活，虽然一些人，如范派瑞斯所说的冲浪者，或者其他人可能会有这种情况。

所有这一切使我接近达伦多夫关于"活动社会"的观念，他希望以"活动社会"取代"工作社会"。他写的是英国，但他的观点有更广泛的应用。在达伦多夫看来，"活动"是自由选择的人类行为，活动提供了自我表达的机会，活动本身就具有满足感，活动也是自主的（Dahrendorf，1982，p.183）。技术的进步正把我们推向"工作社会正在流失工作"的世界（Dahrendorf，1982，p.182），为了更加完满的生活，我们不能固守旧的方式，而应抓住现在的可能机会。人们不仅会有更多用于活动的闲暇时间，而且工作自身"可以被转变，从而提供活动的机会。体现工作的人性化是社会政策的一个主要问题。不仅是生产领域，更重要的是服务领域，迫切需要扩大人们表达自己和表现主动性的范围。①如果我们下定决心做出必要的改变，工作就不必是他律的，工作也不是讨厌的、不是强加的负担"（Dahrendorf，1982，p.184）。

正如我们之前所看到的，英国人悠然自得的工作态度给达伦多夫留下了很深的印象，他也批评了这种态度。在新世界中，让工作尽可能愉快的传统仍可以为我们所用。我同意这一点。即使在某些情况下，有偿工作不可能提供自主的工作，但有偿工作仍可以让人感到足够愉快以吸引自主的活动者，因为很少有人发现制作纸箱或开公交车很吸引人以至于可以成为主要的生活目标。事实上，大幅度地削减工作时间可能会有助于改善生产和服务这两个领域。如果工作占用的时间少一些，自主的人不仅更愿意承担愉快的他律工作，他们中的一些人甚至可能愿意将制作纸箱视为个人的主要目标，或至少在一段时间内将其作为主要目标，只要这份工作给他们

---

① 达伦多夫的意思是，像美发、餐饮、快递等服务行业应该有更多让工作人员通过自身的工作来表达自己的机会，也就是在工作中打上自己的烙印，如餐馆里就有有自己独特工作风格的服务员。——译者注

留下足够的时间来做他们想要做的其他事情。目前的安排令人无法接受的是，不管"我"制造的产品对社会多么有益，"我"都必须花费生命中大部分的时间，以至于"我"没有自己的生活。工作时间的大幅减少可以让人思考："除了我喜爱的音乐以及对朋友和乡村的热爱，我还能够为这个群体尽我的绵薄之力，这对我来说也意义重大。确切地说，我做什么并不那么重要：但我会帮忙做任何事。"换句话说，制作纸箱本身并不是主要目标，它只是具体体现了要为社会做一点贡献的主要目标。[1]当然，人们必须确信自己生产的东西确实是有益的，在这一点上，在卷烟厂工作的人要比制作盘子、饭碗等餐具的人更难以说服自己。除这一条件外，我们越是学会以不同的方式看待这种不太可能的主要目标，就越接近达伦多夫将工作转化为"活动"的理想。

我们正在接近哲学的限度——即使是应用伦理学这一最富有实践形式的哲学，其对未来工作政策的贡献也是有限的。正如达伦多夫所问："如果没有工作，人们如何谋生？根据什么征税？社会政策中的权利如何确定？"（Dahrendorf，1982，p.184）我们可能会补充问："我们如何公平分配工作和无偿工作？我们如何才能避免社会分化成一方享有特权——从事轻松的高薪的工作，而另一方处于劣势——从事不稳定的工作甚至失业？一个人一周内，或按高兹的说法在一生中，可以做的有偿工作总量是否应该有上限？"和达伦多夫一样，我不会讨论这些具体问题。在制定出政策之前，需要对政策的大方向和所依据的价值充分达成共识。

工作分配

在这里，我还要补充一点哲学上的思考。现在面临的最大现实任务是工作分配问题。威廉·布里奇斯（William Bridges）感受到了普遍存在的焦虑，他 1995 年在刊载于《周日独立报》的《工作之消亡》一文中写道："在我的成长过程中，我们经常看到这样的说法：到 2000 年每个人每周只需要工作 30 小时，剩余的是闲暇时间。但随着 2000 年的临近，我们当中一半的人似乎更有可能每周工作 60 小时或更长时间，而其余的人则会失业。出了什么问题？"

威尔·哈顿（Will Hutton）对"三十、三十、四十的社会"的描述是一种更细致的分析：社会人员中有 30% 从事非经济活动，30% 做不稳定的工作，40% 属于特权和高收入者（Hutton，1995）。我们可以看到，在这两种描述中，与个人良好生活相关的利益分配存在着极大的不公平，具体包括收入、有趣的活动、闲暇时间、社会认可等方面的不公平。

如何最好地分配工作？由于不同类型的工作（有偿工作、志愿工作、自主工作、他律工作，等等）之间存在差别，很难抽象地回答这个问题。我们还需要知道我们谈论的是福利分配（比如收入分配或大学入学名额分配）还是负担分配（比如所得税）。工作既可以是有益的，也可以是给人沉重负担的，这在一定程度上取决于它的类型。自主工作大体上属于前者；他律工作可能是有益的，也可能是给人沉重负担的，这取决于它占用了人们多少时间，它是愉快的还是不愉快的，是有危险的或是枯燥的，以及它是否有物质奖励和地位的高低之分。

我们要针对真正的问题。我们的一些分类似乎并没有产生这样的问题。假设我们问如何在国民中分配自主工作，我们会期望得到什么样的答案呢？是每个人都应该从事这样的工作吗？但是，在一个自由的社会里，有什么理由坚持这样做呢？这看起来像（实际上也是）不合理的家长式作风。我们所能做的就是回到为所有人的自主良好生活这一理想上，并努力安排好各项事务以使更多的人能实现这一理想。人们抉择如何过他们的自主生活——怎么结合非工作活动、自主工作和他律工作——取决于他们自己，并受他们所处的环境制约。

政策上主张人人平等，只是在抽象层面上将每个人视为平等地受到尊重的自主的人。这里的"尊重"不仅是不干涉他人的价值观，还包含积极关注人们拥有自主性所需的资金和必要条件（如足够的收入、可支配的充裕的时间、教育、自由等）。没有比这更严格的"平等"意识了——如每个人都要有相同的收入，或者同样的闲暇时间。尽管许多哲学家们认为收入或财富的平等、教育成就的平等、幸福的平等是可取的（White，1994b），但在我看来，这种绝对意义上的平等（或减少不平等）是没有充分的理由的。这是一种平等主义，它与提倡普遍尊重的平等有很大区别，因为后者是民主社会的重要价值，与自由民主社会的观念有着不可分割的联系。

普遍尊重的平等原则指导我们帮助人们为过上良好生活而争取必要条件。① 那些离良好生活目标最远的人需要更多的帮助，所以我们的努力应该有利于他们。这就促使了关于收入的一项社会政策的产生，该政策不是为每个人提供等量资金，而是首先关注最贫困的人，改善他们的状况。

这与工作分配有怎样的关系？可以说有着非常直接的关系。至此，我已经建议，我们不应该绞尽脑汁地去研究平等的观念，而应该集中力量去实现所有人的自主的良好生活之理想，让个人决定不同种类的工作应该在他们的生活中占据怎样的位置。这就意味着首先要得到帮助的人是那些最缺乏自主的良好生活所需的必要条件的人。

其中一些必要条件把我们带回工作上，特别是工作变成负担的情况。因此，我们再来看看他律工作及其对良好生活的影响。在我们的文化中，工作占据主导的地位，许多人希望有更多的时间远离工作。此外，一些他律工作收入低，危险或无聊至极，地位低、不受认可，还存在极权主义的组织方式或使人缺乏安全感。

还有其他方面的负担，比如被迫失业，这使人们丧失了自主的良好生活的必要条件。就目前的情况而言，失业通常会导致低收入，失业者很少

---

① 作者认为，普遍尊重的平等原则是我们每个人应该遵循的基本道德原则，这样就不会贬低某些人，就像在传统的男权社会贬低女性那样。这一原则也反对种族主义，要求对人友好等。——译者注

参与公众活动，由此带来人的自卑、方向的迷失和焦虑。一个人失业的时间越长，这些不利因素的消极影响就越严重。

范派瑞斯含蓄地指出了另一个与工作相关的负担（van Parijs，1995）。他描述的加利福尼亚的冲浪者不想要一份工作。但作为一个失业者，他的收入可能不足以维持他进行冲浪运动。正如我们所看到的，范派瑞斯主张不管人们是否有工作，每个人都应有较高的基本收入。他对如何提高基本收入提出了建议，比如向在职人员征税。从我们的目的来看，他这本书有助于确定另一个与工作相关的负担：随着工作准则（the work-ethic）的衰退①，"加利福尼亚人"重视闲暇的价值观会变得更加普遍，如果有更多人想要像冲浪者那样靠失业补贴生活，而失业补贴太低的话，无法维持生活的问题可能会变得更加普遍。

最后一种与工作相关的妨碍自主的良好生活的情况是：人们找不到自己喜欢的工作，不得不忍受做一些根本没有吸引力的事。想想一个社会学博士本想发展学术事业，却不得不靠打零工来维持生计。如果找工作越来越困难，这种负担一定会增加。

毫无疑问，除了上文提到的情况还有其他负担，但就目前讨论的目的而言，这些已经足够了。我建议的人人平等政策是基于尊重的平等而不是"绝对意义上的平等"，它首先致力于消除更棘手的缺陷。这就引出一个问题：哪个负担更重？

同为低薪工作，屠宰场一周 30 小时的令人不愉快的工作和工厂里 40 小时的机械工作相比，可能很难判定哪个更不理想。撇开其他因素不说，人们不同的好恶也太重要了，但排出某种先后顺序肯定是有可能的。无论我对想要成为冲浪者而又无力维持自己生活的人有多么同情，我都希望

---

① 这里的"工作准则"（the work-ethic）可参见本书第 1 章的内容来理解。它要追溯到 17 世纪加尔文新教的兴起，在英国和后来的美国新殖民地非常有影响力。其基本主张是，没有人知道自己死后会去天堂还是地狱，但如果我们此生真正努力地工作，可能会在某种程度上帮助我们获得进入天堂的机会。——译者注

能为为服装行业做出牺牲的血汗工人或者长期（非自愿）失业人员做更多的事情。很明确，紧迫的是要给决策者施加压力，使政策向需要帮助的人倾斜。

到目前为止，我们已经思考了不同类型的负担，但并没有考虑到特定群体长期积累下来的负担。在英国，黑人从事低收入、工时长、无趣和不稳定工作的人数过多，在被迫失业者中的占比也很高。工薪阶层的女性在工作中也常常处于不利地位，她们做家务没有报酬。降低这些群体的损失应该成为政策的优先选项。

最糟糕的情况被成功解决后，政策就可以转向关注不太糟糕的方面，比如一些人的懊恼——这是他们不得不忍受不喜欢的工作而带来的——甚至是范派瑞斯提及的冲浪者的沮丧。

如何减轻影响良好生活的负担是一个复杂的问题，在本书详细讨论其所涉及的政治和经济观点是不合适的。但是，普遍尊重的平等原则可以成为一种指导方针，正如迈克尔·沃尔泽（Michael Walzer）在关于"艰苦的工作"（Walzer，1983，ch.6）的讨论中所明示的那样，多重不利因素可以被分解。因此，如果一个人从事危险的工作，如当一名矿工或消防员，这一不利方面不应因工资低或工作时间长而加剧。虽然工作艰苦或枯燥，但工作时间短且能获得高收入，这就符合这种平等的原则，因为对自主的良好生活来说，它一方面弥补了不足，另一方面又更充分地满足了自主的良好生活所需的必要条件。

有些负担可能大到无法通过政策得到补偿。不应该期望任何人每周工作 60 小时，没有人应该听从冷酷无情的老板的粗暴命令或者任凭其摆布，也没有人应该在不安全的机器上工作。因此，关于最长工作时间、工人民主权利和工作安全的立法很可能是必要的。

其他负担可以通过创造新的可能性来减轻。在这里我特别想到的是非营利部门的发展。如果一个年轻人未能得到她梦寐以求的乡村护林员的有偿工作，她可以做一两年的环保志愿者。一个社会越是有能力提供非营利

68

部门，向着范派瑞斯所说的每个公民都有较高的基本收入的方向发展，人们就越会以志愿工作充实人生。

注释

　　[1]如果按前科学时代的一个认识——炼金术士可以把铁等金属变成金子，那么那些通过自己的想法就能改变工作性质的人，能把所有的他律工作变成自主的吗？人们可以用无限的方式来思考和表达所从事的活动，我现在正在做的事情可以被分别描述为"打字""使用电脑""写书""试图影响舆论"。如果制作纸箱的活动或清洁污水管可以被视为"为社区工作"或"帮助人们过上充实的生活"，在这种宽泛的描述中，这些工作难道不能被视为在实现自主的人的主要目标吗？

　　如果是这样，社会政策难道不应该引导工人以这种方式重新定义他律工作，而不是减少他律工作吗？我不这么认为。这样的政策可能是通往专制的途径。

　　这意味着我们需要重新认识他律工作，正如文中提到的纸箱制造者的例子，他律工作可以兼顾人的自主。

第 4 章 教育与工作的未来

导言

英国和其他国家的家长、教师和教育决策者应该如何构想教育与工作的关系？这不是可以抽象地回答的问题。如果能预见到 2050 年或 2100 年的情况，我们可能会处于更有利的地位。但工作的未来根本是不确定的，这不仅是因为在总体上未来不可预测，更重要的是，日益增长的对工作中心地位的怀疑预示着"活动社会"的来临，但我们不能保证技术变革和对工作中心地位的怀疑这两者的结合会真的让我们更接近"活动社会"。相反，工作社会可能会一直伴随我们进入 21 世纪。我们虽然不一定追随英国前教育大臣约翰·帕滕（John Patten）的认识，即"我们需要宗教教育的帮助以复活对工作的宗教信仰"（《时代教育增刊》，1995 年 6 月 9 日），但种种迹象表明工作中心的观念远未消亡。在接下来的几十年里，这一观念对个人良好生活的损害甚至可能会加强而不是减弱。

那么，在两种可能的情况下——继续质疑工作的中心地位或者强化工作的中心地位——来探讨教育和工作就都有意义。而探讨社会未来的变化更有意义，因为在未来的社会里，对每个人而言，他律工作远不会像现在这样占主导地位。

情景一：现状

在 20 世纪 90 年代中期，欧盟的《集体协议》对有偿就业做出了规定①，但英国政府坚持每周工作时间的上限为 48 小时，这提醒我们传统观念仍然根深蒂固。设定最高工作时间被认为是对工业效率的威胁，因为劳动力成本提高了，这会导致英国企业在全球经济竞争中，尤其是与拥有廉价劳动力供应的所谓"虎体经济"的竞争中缺乏竞争力②。

尽管自动化发展迅速并减少了工作量，但近年来它带来的就业方式的转变与工作观念完全吻合。我们正目睹新型的三向社会分工的形成。在各级各类公有的、私营的和非营利部门中，劳动人口正在分化为三个部分：a 是越来越多的待业人员或失业人口；b 是工人中的边缘群体，通常是临时工、短期合同工或兼职人员，他们可以根据就业需求灵活地受雇用，也可以随时被解雇；c 是核心部分，他们是高收入的全职人员和长期服务于某部门的兼职人员。正如我们所看到的，哈顿根据这三种人群所占的比例，将社会描述为"三十、三十、四十的社会"（Hutton，1995）。从 c 到 a，哈顿依次称之为"特权阶层""边缘化和无保障群体""弱势群体"，他们构成了一个等级结构。他用这些术语是强调传统的工作态度目前正在被强化，因为对大多数人来说，最受欢迎的状态仍然是拥有一份安全的全职工作，即使是不稳定的就业至少也比失业要好。旨在让所有人都拥有全职工作的"充分就业"仍然是许多党派广泛持有的政治理想，尽管实现这一理想的希望随着时间的流逝而变得渺茫。

如果没有刻意的政治干预，目前的趋势看起来将会持续下去。在英

---

① 《集体协议》（Social Chapter）是欧盟成员国之间签订的一项有关工人权利和工作条件的协议。——译者注

② 虎体经济（tiger economies）是指经济增长速度快并以出口为导向的经济体，如日本、韩国、新加坡等。——译者注

国，全职、终身职位在成年人中的比例（即特权阶层 c）从 1975 年的 55% 下降到了 1993 年的 35%。随着自动化程度的提高，工作岗位会进一步减少，核心的工作岗位主要由管理人员和专业人员组成，这样就加剧了社会的两极分化，富人以及少数掌权者阶层与其他人员之间的差距会越来越大。

由于工作量的减少，雇主们竞相提供有利于自己的工作条件（包括越来越长的工作时间）就不足为奇了。这导致了另一种两极分化：在职人员有时不得不多做一份工作，留给自己的时间很少；而失业者却无事可做，太多的时间成了他们的负担。

由于市场力量、技术创新和个人条件等原因，无论是有收入还是没有收入的人都需要灵活地适应频繁变化的工作岗位。为了生存，b 类中没有固定收入保障的工人和那些想方设法找工作的失业者，很可能不得不从一个工作方向转换到另一个工作方向；而 c 类中的管理人员和专业人员则必须掌握广泛的技能，才能够应对经济全球化带来的快速而复杂的变化。

还有一个现状需要提及，作为工作社会的必要补充，我们所知道的福利国家的组织制度还将广泛地存在下去。在有偿就业仍处于社会生活中心的条件下，任何一个福利社会都需要为经济体系之外的人——失业者和领取养老金的人——提供某些保障。虽然不同的政治立场在福利范围和资金来源上存有分歧，但福利制度本身却为不同党派所认可。

教育的反应

未来不可预测，现在已有的一些模式也可能会变成另外的样子。但是，如果未来的工作确实沿前文所述的方向发展，教育者和政策制定者将如何应对呢？

教育将继续向年轻人提供未来生活的指导——而未来生活的首要重心就是有偿的职业生活——却不管年轻人将来是否能成功地获得这些工作。人们接受的教育是以工作为中心来定义人生的不同阶段的，童年中的一部

71

分与工作世界无关，另一部分童年将为未来工作中的某种角色做准备。他们生存的核心一直是成年人生活，直到退休。无论他们将来有工作还是没有工作，无论他们的工作是有保障的还是无保障的，工作将一直是他们活动或思想的核心。当他们失业的时候，他们的自我认同表现为"失业"，这种认识将会起非常重要的作用，因为这会让他们中的许多人隐约地感到羞愧、自卑和嫉妒。他们人生的第三阶段将是退休，或者如果没有工作但到达退休年龄，就开始了领取养老金的岁月。因此，从年轻人展望未来生活的角度看，在每一个阶段，他们自我认识的很大一部分都将与有偿就业联系在一起。

教育工作者和政策制定者可以通过一种具体的方法来帮助年轻人为工作主导的生活尽可能做好准备，以便在新的阶层化社会中占据一定的地位或担任某种角色。这可能意味着为能力较强的人提供先进技能和竞争力，使他们进入有特权的核心群体；同时，让其他人拥有更多的基本技能，以及学习新技能的积极性和应对无稳定工作的积极态度，这是对 b 类中没有固定收入的人和想找工作的失业者提出的要求。如果失业率长期上升，"失业教育"的支出甚至可能成为地方或一个区域内职业领域资金支出的固定部分①。（1996 年，英格兰东北部的贫困地区已经零星出现了这种情况。）

这样的模式可与其他各种具体的安排相协调。在政治上，左派和右派都能适应。它可以与选择性的教育系统相结合，即学生们在很小的时候就被分流，部分进入那些受人瞩目的学校，以便成为核心部分的 c 类，即收入高的全职人员和长期的兼职人员或者是其他工作人员。但也可以持一种综合的教育理想，让所有的孩子进入同样的学校，从而让更多的孩子有更多的机会参与到有吸引力的职业竞争中。

学校绝不能将其目标定位在全面的职业教育上。学校的目标是为学生

---

① 失业教育（education for unemployment）是指在长期失业的情况下，让人们尽可能生活下去的教育。——译者注

的生活做准备，而不仅仅是为工作做准备。[a]－[b]－[c]模式不仅与广泛而有差别的制度安排相一致，而且与传统的自由教育和职业教育的分离相对应。一方面，这种模式可以维持自由教育和职业教育的区别。英国16 岁以后的教育仍然可以采取双轨制：一部分学生选择学术路线，即走A-Level 路线①，这种做法表面上是为了自由教育或者拓宽学生的文化视野，但是，这种做法也至少有一部分是为了最大限度地提高学生接受高等教育的机会和毕业后工作的机会；还有一部分学生则是走职业教育的路线，如选 GNVQ 课程②。另一方面，自由教育或学术教育与职业教育方向可以合并成一种未分化的第六学级③，也可以作为 18 岁后的制度安排。当前的政策改革，如迪林勋爵对 16 岁以上学生的建议，以及学术研究中学者质疑自由教育与职业教育的划分［可参与普林（R. Pring）所著的《缩小差距》（Pring，1995），特别是第 8 章］，都在敦促我们建立一个统一的教育体系，尽管来自传统的抵抗会有多大还有待观察。

　　如果工作制度继续以新的［a］－［b］－［c］形式存在，我们很可能会继续看到在选择与非选择、课程分离与课程统一之间的争论④，这些争论可能构成大部分的政治议题，其影响之一是将注意力转向内部——决策者们之间的分歧，而不是转向他们理所当然地认为的［a］－［b］－［c］工作分配框架。而且，还可能会遮蔽这一框架是否应该被接受的更为基本的问题。

---

① A-Level 的全称是"普通教育高级证书"（General Certificate of Education Advanced Level），学制一般为两年，专业分科极为细致。读此类课程的学生年龄在 15—18 岁，但它并不等同于中国学生高中学习的课程。在英国，A-Level 课程一般被看作大学的基础课，相当于中国大学本科课程的前两年。——译者注
② GNVQ（General National Vocational Qualification）课程是英国普通国家职业资格课程，该课程旨在开发多种职业领域都需要的一般技能、知识和理解力，是一种广泛的职业教育课程，与学术路线中的 GCSE 和 A-Level 相平行。——译者注
③ 第六学级是英国中等学校的最高年级，学生年龄在 16—18 岁，准备参加高级证书考试。——译者注
④ 这里的课程分离与课程统一是指上面提及的自由教育或学术教育与职业教育是分开设置还是合并在一起。——译者注

这将是令人遗憾的，因为本书前面已经完整阐述过这种工作制度需要被超越而不是加强。新的 [a] – [b] – [c] 分工社会在伦理上是不可接受的，它使良好的生活发生分化，收入、就业保障和工作才能会流向少数特权阶层，从而导致大部分人处于不利地位。它延续了传统的工作中心的观念，而这一观念无论在本书中还是在他人的阐释里都被指出是不合理的。事实上，在 [a] – [b] – [c] 的分工社会中，工作中心地位很可能会进一步得到强化，因为争取较少工作的斗争在加剧，况且工作时数已经被确定了。

许多教师不想帮助延续这种制度。他们不愿意把自己看作幸运者的救星，或者生活无保障之人的运送者。他们之所以成为教师，是出于更高尚的理由——解放年轻人的心智，帮助所有的年轻人努力过一种充实而有意义的生活。他们坚守这些理想是正确的。

不幸的是，如果目前的态势继续下去，这一理想会受到越来越多的侵蚀。我想到的部分原因是 [a] – [b] – [c] 的社会变化将成为影响教学的一种力量。如果学校遵循其他社会机构的模式，教师队伍由享有特权的终身聘用的核心人员与短期聘用的合同制人员组成，那么许多合同制教师就会因工作不稳定而心事重重，想法也会五花八门。另一个阻碍教师理想的因素已经伴随我们多年了。在教师教育重组的过程中，教师一直在课堂上辛勤工作，很少有人鼓励他去思考更广泛的教育问题，如大学在职前教师培养中的作用已经降低的问题，以及在职教师的培训经费被大幅削减的问题。此外，国家课程加强了教师作为学科专家的观念，这就把教师的注意力引向了其所在领域已定目标的细节上，从而使他们再一次远离了对诸多更大问题的思考。

尽管存在当前这些趋势，教师们还是应尽其所能，对自己的职责保持充分理解。即使一般的就业政策沿着 [a] – [b] – [c] 路线被强化，学校还是可以利用留给教师在课程方面的一定程度的自由，让教师鼓励学生不仅在这种就业模式内思考自己的未来，而且思考这一就业模式本身在伦理上的可接受性，诸如：就业模式需要保持现存的样态吗？生活需要这样的生存斗争吗？还有更好的社会安排方式来代替把良好生活分成不同的等级吗？如果工作是稀缺的，难道就没有其他办法进行分配以便使大多数人受益？在良好生活的图景中，需要工作占据支配性的地位吗？

《每日电讯报》的一些读者可能会对教师应该敦促学生思考基本社会问题的建议感到不满。他们说："在 20 世纪六七十年代，我们经历了太多的革命活动。过去 17 年间，这些活动大部分被保守主义的改革所取消，从而将教师的注意力从社会革命转移到适当的课堂任务上。即将实施的国家课程表明：教育内容首先是为了国家的需要，之后才是满足父母的需要。因而，教育内容首先由国家决定，然后才由父母决定，教师只是决策的执行者。教师在合法范围内的自主只有在有效教学中才能实现。内容总体框架当由政府决定，而不是由专业人士控制。"

近 30 年来，我一直主张国家应该决定学校课程目的和广泛的内容。我对上文的评论表示同情，但只是同情而已。在我看来，在一个理想的世界中，更广泛的课程结构不应该由一部分人来决定，例如不应该由教师来决定，而是应该由全体公民来决定。就像在一个民主社会里，我们不会考虑把军事政策交给将军们决定，或者让税务稽查员来决定税收政策。同样，我们也不应该把教育政策留给教师来决定。所有影响到全球格局和我们社会福祉的问题，都应该属于全民民主的职责范围。学校教育的内容的确应该由全民决定，但这只是原则上的，不一定所有的事情都由全民决定。实际上，我们所生活的民主社会所体现的民主原则还不充分，尤其是尚未体现出基本原则，即在民主社会中，每一个成员在本质上与其他成员都是平等的，每一个成员都拥有过良好生活的平等权利①。当政策决定可能朝其反方向发展时，宽容乃至推动 [a] – [b] – [c] 社会分工结构就违

74

---

① 这是从道义上讲的，如拥有基本的工作条件、足够的钱、免费的教育、体面的住房等。——译者注

背了这一基本原则。

设想一下，如果一个政府强制推行一种族主义的学校课程，教师可以合理地拒绝教授它。同样，如果政府让学校成为令人反感的就业政策的奴仆，教师也可以不接受这样的就业政策。更普遍地说，如果民主社会的公民需要像政治决策者那样对核心的政治问题有广泛的理解，那么就需要以民主本身的名义去挑战那些拒绝教师参与的制度。教师完全有权利和责任帮助学生们理解就业政策中的问题。

情景二：超越工作社会

未来可能出现的第一个情景是他律工作仍处于文化的中心地位，第二个情景则是，当我们进入以良好生活的自由观念为根本追求的社会时，工作中心的观念将面临越来越大的挑战。

在我写本书的 1996 年，有许多迹象表明挑战已经开始。欧盟已经通过立法规定每周最多工作 48 小时，尽管目前的英国政府已经选择退出这一计划，但仍有广大的选民支持该计划。当然，48 小时的工作也意味着一段漫长的工作时间，它本身并不挑战工作中心的观念，但是一旦立法规定最高限度的原则被接受，工作时间就有可能逐步减少。

或许更重要的是，人们越来越意识到现状的不平衡和不公正，因为两极分化越来越严重：比以往任何时候都更加努力工作的人与工作不足的人之间出现分化，财富和权力越来越多地集中到特权核心阶层。"工作的未来"成为高级报刊的主要话题，不仅是《独立报》，其他报刊几乎每个星期都有关于"工作的死亡"或"早 9 到晚 5 发生什么？"的文章。出版商也发现，像杰里米·瑞夫金（Jeremy Rifkin）所著的《工作的终结》（Rifkin, 1995）这样的书有现成的市场。不仅有作家和记者带头，1995年，英国市场调查公司——伊普索·莫利调查机构（IPSOS MORI）就针对"英国人对消费主义厌倦"的情况进行了民意调查，结果显示，1970—1995 年，拒绝物质主义和"炫耀性消费"，支持"个人成就和生活质量"的人的比例从 5% 上升至 20%。这些"后物质主义者"第一次超过了那些高度重视经济收入的人（15%）（《独立报》，1995 年 6 月 4 日）。

英国似乎处于更普遍的文化转型中，不仅工作观念和消费出现了转变，对宗教、道德、家庭、君主政体、民族性和宪法的态度也都在发生着变化。在一个又一个领域，传统受到威胁，在某些情况下甚至可能是致命的威胁。很难记得有哪个时期这么多社会各方面的问题同时受到如此尖锐的审视。正如我们已经看到的，工作观念与宗教观念、义务中心论的传统道德原则有着密切联系，由于这些文化支柱是相互联系的，一个领域的消损很可能会加快另一领域的丧失。

如果工作方式确实改变了，围绕终生工作和全职工作而建立起来的良好生活的传统图景将会服从于更自由、更多元的观念。以自我选择活动为主的生活将成为新的文化理想。人们将不那么单一地考虑工作，特别是当工作条件变得更以人为本或者以民主的方式安排的时候，大多数人想把部分时间用于有偿就业，还有不少人希望有足够的空闲时间来做其他事情，而有些人可能会在更传统的职业生涯中找到满足感。带薪工作的人会因为有更多时间而去做志愿工作——瑞夫金所称的"第三部门"，而对一些年轻人、退休的人、失业的人来说——他们没有任何有报酬的工作，做志愿者应该也是一个有吸引力的选择。其他类型的自主工作，如创造性的、学术性的、实践性的工作，也有望得到发展；运动、社交、欣赏艺术作品等虽与工作无关，但也会作为自主的活动而出现。

他律工作在新的工作序列中会有什么样的地位？毫无疑问，不切实际的幻想完全消失了。撇开那些更有吸引力的工作形式，也就是不谈能符合自主行动者要求的工作，我们发现，在任何社会中都会有一些人不选择不愉快的工作。这一点很要紧吗？不一定。如果权衡之后觉得足够有利，那么有些人就会愿意因收入和其他利益而选择不愉快的工作，以支持和保障作为自主行动者的喜好。在大多数社会（包括我们自己的社会）中，普遍自主的要求还排除了不愉快的工作与特定社会群体或"贫困阶层"的必然联系，没有人注定得一辈子做不愉快的工作。不愉快的工作带来的回报应该足够高才能吸引来自社会各阶层的自主行动者，这些回报不仅仅是金钱上的，还有其他方面的满足。

我们可以用另一种方式看待不愉快的工作。我们所设想的自主行动者不是利己主义者，而是具有社会责任感的人。对他们中的一些人来说，利他需要将在完全自主的活动中得到满足，因为这些活动体现的主要是内在喜好，例如作为教师的工作或通过友谊而产生的相互影响。其他具有社会责任感的人则希望做得更多。如今，志愿工作者们发现，在慈善商店里工作不像在煤矿或在屠宰场工作那样令人不快，但从某种角度讲，这还不是一种自主的工作。然而，一个收银员的工作一旦被重新理解为是"为乐施会工作"或者是为了"帮助治愈癌症"①，就很容易看到收银员的工作是如何在一个人的生活中变得具有重要意义了。当然，这种情况已经出现了，而且范围越来越广。我们能想象不愉快的工作也会发生同样意义上的变化吗？不愉快的工作真正令人反感的是，它在一些不幸的人生活中占据着中心地位。但在后生产社会，即努力工作是生活中心的文化衰落后的世界，很可能有一些人重新界定和重新描述不愉快的工作，将其作为一种自主的选择，人们会每周至少做上几小时，或者视它为自己生活的一部分。如果有更多不愉快的工作要做，而又不能通过利他需求或者其他补偿得到满足，那么，为每个人提供义务性的社区服务似乎最符合普遍自主的理想。人人承担义务性社区服务对自主理想的侵害应该是最小的。

在后生产主义社会情景中，对有偿工作的伦理态度也会发生变化。有偿工作将不再是一种普遍义务，因为它带来的残酷结果是认为那些失业的人

---

① 乐施会（也称牛津饥荒救济委员会）是英国一个主要的慈善机构，致力于减轻世界贫困。伦敦和其他城市的许多商业街都有乐施会的商店，人们可以在那里捐赠旧衣服和其他物品，乐施会会在商店里出售这些东西，为救济全球的贫困者筹集资金。——译者注

在道德上有问题。无论工作多么不合意都愿意为其努力的这种勤奋的"美德"也将被摒弃，尼采的重估价值将成为新传统智慧（the new conventional wisdom）。尽管人们仍然会由于在自主工作活动中所付出的努力而受到称赞，但这并不是一种道德判断，即不是对他们只是在做他们应该做的事的判断，而更多是对其成就的一种庆祝。"不爱工作"将成为再找工作的一种话语，"闲适"将不再是受到谴责的状态。作为人，我们可以通过工作管理制度的松绑让各种各样的活动充实闲暇时间。也许有些人会"不爱活动"，但我们很难想象人会"不爱活动"。如果真有这样的人，我们能给出的唯一解释是：这是一种病态，也就是抑郁或者麻木了。

我们将看到，这些伦理态度对工作认识的变化以及工作/活动的新次序，已经对教育政策产生了影响，甚至导致了其他文化的转变，社会阶层和地位的划分也不可能不受影响。目前，高社会地位的人（除了非常富有的人）从事专业工作或管理工作，以及由此带来的所有生活福利，都与工作次序紧密相连。而"工作"在个人生活中的重要性的降低应该有助于形成平等的社会地位，社会认可（往往低估了良好生活的境况）也将从财富、权力与传统意义上的成功，转向活动社会所鼓励的更广泛意义上的成就和个人品质的提高。性别和种族差异也将受到影响。尽管法律规定人人机会平等，但众所周知，一些女性和非英国籍雇员在获得更为理想的工作时仍会遇到困难。虽然消除性别和种族差异仍为首选的政策事务，但也可以通过生产主义的转变来缓解，从而使人们可以留出较多时间做其他事情。就社会地位的变化而言，我不太乐观，因为旧的态度很难改变。即便如此，从开放的、更广泛的视角让人们知道怎样生活更有价值，现在完全有可能做到，虽然这是一个渐进的并且不一定顺利的过程。

在性别方面，任何对工作文化的削弱都必然会使传统的男女分工发生改变。工作社会建立在性别二分的基础上：男人注定从事有偿劳动，而女人的生活就是围着家庭和孩子转。男性的生活是围绕工具价值而建立，从事业的角度而言，男性从事生产商品和提供服务的活动；从个人的角度来

77

说，男性是为了工资袋而劳动。更多以人为中心、涉及情感关怀方面的事务，传统上就从男性世界中分离出来，留给了女性。在整个 20 世纪，随着越来越多的女性进入劳动力市场以及女权运动的成功，这些僵化的性别分工在一定程度上受到了瓦解。在女权运动中，对男性价值中心地位的批判以及关怀女性的呼吁广泛传播。随着情景二的社会变得更加明显，我们可以预期固有的平衡会向以人为中心的价值倾斜。男性和女性的生活会变得更加相近，对两者而言，更重要的是自我选择和具有成就感的活动——包括有偿就业，但不以其为主导。男女分担家务的情况会比过去更多，虽然这种家庭模式会因人而异。无论在家里还是在家外，对于两性来说，核心的伦理价值将围绕着个人自主和关心周围人的良好生活（concern for the flourishing of those around one）展开，尤其是亲密关系和友谊，可以预期其将在生活的舞台上占据更中心的位置。进言之，伴随着人们对自己生活和对自己与他人关系的进一步反思，对女性的传统态度会再一次改变。

情景二的社会将使我们更加相近，但在任何意义上，都不应该混淆或唤起乔治·奥威尔（George Orwell）描述的难以忍受的极权形象 ①。只有当我们每个人对生活的理想图景在很大程度上都是自己选择的，是存在于成就自我的过程中、在做有益于社会的活动中的时，我们才会变得更加相近。男性为这一图景所指引，女性亦向往，儿童将尝试，长者老当益壮地跟随，一个人"生产性"的生活与"退休"生活间的界限将变得越来越不重要。对于不太富裕的人来说，只要他们有足够的资源，这一图景的意义与富人同等丰富，只是富人的选择范围可能更广一些。但有意义的生活应该是我们所有人都能拥有的，或者几乎是所有人都能获得的。尽管以良好生活的方式跨越传统的等级界限可能使社会生活变得更加相似，但相对地，人们的生活也将变得更加多样。实际上，这源于我们所讨论的统一性

---

① 英国作家奥威尔 1949 年出版的长篇小说《1984》刻画了一个以追逐权力为最终目标的假想的极权主义社会。——译者注

的特征：在一个自我主导的社会中，构成每个人活动主线的生活方式往往彼此不同，可能比以工作为迫切需要的社会中的生活方式更为不同。

以上就是对情景二的概述，这不是不切实际的幻想，也没有设想对工作文化断然拒斥，更没有想象社会将过渡到嬉皮士的乐园或完全是自主工作的共产主义社会。实际上，他律工作只是逐渐减少或者被重新分配。但即使是英国每周标准工作时间减少五六小时，也可能预示着工作在我们生活中主导地位的终结。根据个人的情况，在一个越来越短的工作周中，一定会有一个时间点，在这个时间点上，工作对一个人来说将变成次要的而不是主要的。对于许多人来说，30—35 小时可能正在接近这个时间点。据一些分析人士说，未来几十年里，工作时间将出现更大幅度的削减（Rifkin，1995）。当然，如果将这种减少工作的变化限制在有偿工作（且大部分是他律工作）中，那就太简单了。志愿工作的增多、其他类型的自主工作机会和自主的非工作活动的增加可能使情形千变万化，也有助于个人的工作和非工作活动的生活模式逐渐多样化，这些都是我们在上面提及的。

为充满各种活动的社会办教育

2000 年出生的孩子将生活到 21 世纪下半叶，只有少数人可能例外。在情景二的社会中，他们可能会在工作不占主导地位的社会中度过成年后最美好的时光，但社会中仍存在各种工作——有偿的、无偿的、自愿的、他律的、自主的、兼职的、全职的、终身的、临时的，自我选择的活动将汇入不同类型的工作中。

据此来思考教育，教育会发生什么样的变化呢？

首先是要限定条件。把教育放在两种截然不同的情景中，教育的作用似乎仅仅是被动地反映社会，其思路大致是：如果情景一出现了，教育的作用如此；如果情景二出现了，教育的作用如彼。但是，教育不仅反映社会，教育还有助于创造社会的未来。正如本书所讨论的那样，如果情景二在伦理情感上比情景一更可取，那么就应该让年轻人明白其优点，而不应该让他们在情景一的幻想中长大，认为情景一就是一切。我并不是在倡导和灌输人们去偏好情景二，我只是先把情景二作为一种可能性让人们深入地了解。其次，我把情景二作为一种有严肃论据支持的可能性加以选择：人作为自主的存在，必须自己决定在工作不再占据生活主导地位的社会里如何走得更远。不管怎样，如果工作文化像现在这样饱受争议，那么教育系统就没有理由再不经讨论就认可工作文化。从严格意义上讲，这可能不算是灌输，因为少有教师有意识地向学生灌输对工作文化的拥护和阻止学生反思这种文化。但是，从更广的角度来看，即使在其中工作的人没有这样的意图，制度安排也可能是灌输式的：一个以儿童努力学习为前提且为成年后努力工作做准备的教育体系，可能仍然会给孩子们灌输工作中心的观念，并阻止孩子们对这一观念的怀疑。不管我们喜欢用什么术语，起码教育工作者们有很好的理由轻而易举地促进孩子们的社会化，使之融入传统工作中心的观念中，从而使他们只看到不同形式的工作，而没有更广阔的良好生活的视野。

考虑到这个条件，让我们回到情景二。假设情景二将在 21 世纪到来，或许还受教育活动自身的鼓舞以及技术变革和政府决策的推动，那么，我们应该如何重新认识教育呢？

我接下来的预设是，教育超越了学校教育或其他正规的教育形式。从根本上说，教育即教养（upbringing）。教育始于家庭，父母是孩子的第一任教师。学校教育延续了父母的工作，扩展到父母没有能力或没有时间做的领域，大学和成人教育学院等这些中学之后的学校教育机构也是如此。儿童成长于其中的文化也是一种教育力量，通过习俗和日常制度的约束潜移默化地帮助孩子们形成一定的态度和行为。（在英国主流文化中，孩子们在成长过程中从未怀疑过某些行为方式：如果想结婚，他们可以自由地选择配偶；或者如果他们有钱，就可以到这个国家中自己喜欢的任何地方生活，但成长在其他一些文化中的孩子并不都能这样做。）

我们需要分别考察家庭、学校、中学之后的教育机构和文化这些"教育者"将如何帮助年轻人为情景二的社会做好准备。按照基本程序，我们在解决这一问题之前，逻辑上首先需要提出教育目标的问题。刚才提到的"教育者"的目的应该是什么呢？

文化的教育影响

首先，谈谈文化对教育的影响。将文化与刚才提到的具有目标导向的其他"教育者"相提并论似乎有些奇怪。可以说，文化确实会影响个人，因此，文化可以被恰当地称为上文所说的"教育力量"。但文化对人的影响是无意识发生的，不同于父母和学校教师有明确的对各种学习目的的要求。

虽然在过去文化塑造可能是传统无意识的结果，但这并不意味着它总是这样的。在我们这个高度反思的时代，事物能是其所是，也可以非其所是。我们在社会生活不同领域中的做法都与传统相关，但大多不是以传统为导向的。传统通常面临着合理性辩护的挑战，同样，传统也有应对挑战的方法，尽管这些应对方法并不总是普遍令人信服的，但至少为进一步的对话开辟了道路。这一切都意味着文化现象不再是被给定的，而是可以有意识地为其设定新的方向。20 世纪 70、80 年代以来，关于男女角色的传统观念和实践就是一个特别明显的例子。当然，文化改革者并不总是把教育目的放在心上。妇女运动希望在工作中实现更多的男女平等，生态学家希望地球少些污染，等等。但教育可以是而且通常是推动这些运动的助力之一。女权主义者已经改变了人们对性别角色的偏见，促进了情感上拒斥男女平等的人的反思。还有无数改变社会思想的例子。

将"文化"视为有一定目的的"教育者"似乎仍有些奇怪。难道我们不应该说文化改革者是教育者，如女权主义者、环保主义者、健康促进者、创新艺术家、雷斯勋爵（Lord Reith）这样的广播员[①]、人文主义者等等才是教育者，而不说没有人情味且无形的文化是教育者吗？我对此没有异议，但前提是要认识到文化具有非预期的教育影响。事实上，把文化改革者描述为教育者，明确将他们与父母和学校教师归为同一类——参与教育的人，目的是促使文化改革者思考其目的，以及如何最好地实现他们的目的。他们的社会角色往往不如父母和教师那样容易界定，从完全关心教育的全职积极分子，到主要致力于其他社会目的的兼职志愿者，他们只是在很小程度上参与提升社会认识的工作。但即便如此，也存在低估从事教育工作或潜在教育工作人员数量的危险，而这个人数肯定是在不断增长的。许多企业都有员工考核制度，有禁止性骚扰的行为规定，有关于残疾人的平等机会和禁烟的政策。参与这些活动的员工有无数种方式在不同程度上有意识地改变同事的看法。尽管有些行为可能表现出家长专制式的作风，但如今有大量证据表明，这是形成社会风气的良性形式。

我们已经扩大了关注的范围，远远超出了通常意义上的所有文化改革者。如此就产生了另一个问题：在整个文化工作中，教育者是否只包括那些试图改变人们观念和信仰的人？无论是像女权主义者这样的社会活动家，还是企业中日常遵守道德规范的人，如果认为他们在影响人们观念等方面的作用是稍纵即逝的，那就错了。以提高人们认识为目的存在着一些不足，或者其设想中至少隐含了一些不足。但是，不同领域文化教育者的部分工作就是强化人们已有的观念。如果这是一种可以接受的教育形式，那么可以被称为文化教育者的人将远超前面提到的人群。陌生人给我一点帮助，我表示感谢，我这样做可以使他有良好的感觉，我可以始终如一地给予他人这样或那样的认可，这会增强他人对自己的悦纳，在适当的情况下，这样做就是在做一件文明的事。我们自身处于高度反思的时代，在生

---

① 雷斯勋爵于 1922 年创立了英国广播公司（British Broadcasting Company，BBC），后称为英国广播委员会（the British Broadcasting Commission）。——译者注

活的大部分时间里，我们很多人都在以某种小小的方式进行着文化教育。在某种程度上，这种有意识的活动逐渐变成了一种很自然的强化形式，这是以传统为导向的社会所具有的典型特征，它在我们的社会中仍然大量存在。当我们使用"请"和"谢谢"这类语言时，并不是所有人都把我们所做的事与有助于巩固文明态度这一更大的思想联系起来。在这一点上，我们回到上面讨论过的观念，即文化对人的教育影响是潜移默化的。

回到我们的主题。我区分了后生产主义社会的教育目的与帮助实现目的的多方面教育者，我对后者进行了说明，现在转向前者——教育目的问题。

后生产主义社会的教育目的

如果我们的确在迈向情景二的社会，那么，教育工作者应该以什么目的为指导？与适合工作文化的教育目的相比，教育者的教育目的应该有多少改变？

关于"教育目的应该是什么"有很多可说的，且他人已经说明了很多，在这里对其大篇幅转述是不合适的。同时，我认为如果仅罗列一些目的，仅反映作者的主观偏好，对任何人都没有用处，需要举例说明。为了把问题控制在一定范围内，我将在适当的地方简略地展开论证，并提供适当的参考文献，这些论证可以在其他地方找到更完整的形式。

任何关于教育目的的论述都必须从教育本身开始。我们对教育的理解显然将有助于确定我们主张的教育目的。"教育"通常是"正规教育"的简称，是指在中小学和大学所接受的教育，但在这里，我不会在这种意义上使用教育概念。我也不会在含有意向目的的规范性定义（stipulative definition）上使用教育的概念，就像彼得斯（R. S. Peters）对教育的著名论述那样，他认为教育是具有内在价值的活动。最后一种观点是，如果从一开始就把教育曲解为"只为自己学习"的教育观念，对教育的理解就过于狭隘了。

教育即教养

为了保持开阔的视野，我将把"教育"基本上等同于"教养"，从而为教育应该朝着什么方向发展敞开更大的空间。这种理解就把焦点集中在了孩子身上，包括非常年幼的孩子。这也就能从整体上看待孩子的心理，而不像许多教育理论优先考虑的是智力发展；且还要牢记，培养孩子也是朝着理想的方向形成他们的情感和需要的问题。

把"教育"理解为"教养"，其意义在于强调父母和家庭在孩子教育中的关键作用。教育从孩子出生的第一天就开始了，如果相信胎教的话，那对孩子的教育可能会更早开始。父母是孩子的第一任教师，也是主要的教育者。之后是幼儿园教师和学校教师，他们继续教养的工作。教师的教养工作与父母的做法最好一致，以避免产生有害的价值冲突。我在这里用了"有害"一词，是因为信念和价值观的冲突在每个人的生活中普遍存在，学会妥善处理冲突是成长中至关重要的一个部分。只要在孩子面对冲突并需要帮助时，总有人帮助他们应对和解决，那么冲突就不会令人担忧。但有时学校所为与家庭所做非常不一致，如果没有适当的机制来纠正这一点，孩子的教养就会受到严重的负面影响。

从教育即教养的观点来看，家庭比学校更重要。学校教育必须适应更广泛的教养系统，这其中父母和家庭是关键。我的这一主张与社会中许多人对教育的看法正好相反，在我们的社会中，许多人认为孩子的早年生活就是在为更严肃认真的学校教育打基础，当孩子跨过小学门槛之时，这种严肃认真的教育便开始了。我们将在后面更详细地看到教育即教养的观念对学校教育内容产生的影响，与传统学校教育内容相比，它要求建立更加以人为中心的课程。这意味着以学科为中心的传统课程设置的终结——随着1988年国家课程的推行，以学科为中心的课程设置传统在英国发展到了顶峰。学科中心的课程安排与家庭教育缺少一致性是最大的问题，对在没有学术教育传统的家庭中长大的孩子来说，问题更严重。自从实施国家课程以来，出现了家校紧密合作的方式，例如，签订家庭与学校之间的合同，或者给小学生布置强制性家庭作业。这些观点强化了学校教育的首要地位，给家长施加压力使其适应学校的要求，而教育即教养的观念将颠覆这种优先次序。

随着我们在更大程度上进入后生产主义社会，家庭的中心地位可能会变得更加明显。如我们所知，学校与生产主义文化紧密相连。学校为适应新时代也在改变，以人为中心的目标将逐渐取代以工作为中心的目标。通过这种方式，学校教育将与更广泛的教养目标紧密联系在一起。家庭将变得更加重要，因为更多的人在家的时间可能会比在办公室和工厂的时间还长。如果我们考虑到个人电脑的使用可能增加家庭作为谋生来源的情况，那么，这种趋势将进一步扩大。

英国的教育政策在某种程度上已经反映了家庭的首要地位。在各个政治派别的主张中，消费者权利的市场观念已经占了上风，根据现在公开的业绩数据，至少在教育宣言上，比以往更加强调在选择学校时满足父母的偏好。

然而，与教育即"教养"观念相对应的家庭主导论，与消费者权利的市场观念截然不同。满足父母——消费者需要的观念仍然以学校教育为中心。当政客们说在决定孩子的教育方面应该有主要发言权的是父母而不是教师或者国家时，他们心里想的是父母有权决定孩子去哪所学校。这种家庭至上的说法仍然将学校置于教育的中心地位，而不像"教养"观念把重点移到家庭上。教育消费者的市场观念适应于工作社会（the work-society）：在很大程度上，真正的重心不是学校教育本身，而是其导致的结果，即按照我们传统的思考方式，这是为"工作的世界"做准备。

我们讨论了家庭，也讨论了学校。我希望大家能够清楚地看到双方的任务就是教养。其他正规教育机构，比如大学，也能被视为教养者吗？当然，大学教育的对象是各个年龄段的学生，有人可能会说，如果大学要进行教养工作，只能负责最年轻的学生。即便如此，这里也有可讨论的空

83

间：一个想当医生的 18 岁女孩，在医学院学习很可能是为了接受专业培训，而不是帮助自己圆满结束成长过程。

我暂时不解决这个问题。在我的逻辑框架中，更具挑战性的是上文所述的文化教育者。我真的是主张女权主义者、职业伦理规范的守护者以及更多的日常社会认可的赋予者，也就是刚刚描述过的那些人就是教养的实施者吗？教养真的只针对年轻人而不适用于所有人吗？

我不是很确定。当我们讨论孩子的教养时，我们暗示了教养完成后会有某种最终状态。一个 7 岁的孩子还处于接受教养的过程中；一个"受过良好教育"的 25 岁的年轻人是一个受过完整教养的人。当然，在这个过程的最后没有明确的界限，也没有这个 25 岁的人现在要越过的终点线。我们的意思是说，从广义上讲，她现在是社会的文明成员之一。她已经养成了文明人所需具有的伦理态度，她现在是一个体贴、自信、自制、有见地的人。她在青春期初期爱使的小性子，现在已经消失了；之后几年出现了逆反，现在已经能富有成效地兼顾个人自主与关心他人两个方面的关系了。

如今，一个未被回答甚至几乎未被问到的问题是：什么才是"良好的教养"？刚刚的说明只提供了一小部分的论述，是我认为不易引起争议的部分。怎样进一步推进论述呢？还包括哪些美德或能力？如果保持在不容易引起争议的范围内，我们还能走多远？英国人面临一个特殊困难，"良好的教养"是一个很难与社会地位相脱离的观念：正如经常被使用的那样，它表明人已经具备了传统上与中产阶级相关的某些特质，如安于现状、不激进、英国式的自负或保守等，这是一个遗憾。我们迫切需要挣脱这一历史的重负，重新确立适当的教养观念。对任何明智的教育政策来说，详细解决这个问题都是必要的。我们只有比现在更清晰地认识到什么是受过教育的状态，即良好的教养由哪些组成，才能以合理方法确定应该采取的最好步骤。

这一切是如何与文化教育者的问题联系起来的呢？其关系如下。正如我们现在所理解的，"良好的教养"是一种理想状态，我们希望大多数人都能做到，但实际上，有些人做不到，而且可能有些人成年后乃至一生都缺少良好的教养，这就使问题变得有些严酷了。现实的社会并不是把达到标准的人和没有达到标准的人分开。彼得斯在他教育哲学著作和教学中，喜欢说"文明的薄壳"（the thin crust of civilization）[①]，这种脆弱也存在于我们每一个人身上。我们都很清楚，我们的自信、我们的仁慈、我们的正义感、我们的性情平和是多么脆弱易损：如果我们的经济状况、我们的健康状况发生了根本的改变，或情感面临危机，这些美德可能就会消失。我们需要对此保持警惕，让美德在逆境中坚强！

文化教育者针对的是那些没有达到文明标准的人，文化的教育还能使"文明的薄壳"增厚。因此，女权主义者的目的是给女性自信以应对男性世界，或者是让男性更加尊重和体贴女性。一个护士到一个相当刻薄的老人家里工作，可能是有意鼓励一种相互给予的社会认可，因为她处在危险的工作环境中。这些人和其他人都可以发挥其所希望的教育作用：女权主义者赞同成立妇女团体，这些团体相互支持，既关注提高人们的观念，也关心维护人们的观念。

这种活动是有教育意义的，尽管它与年轻人的教养没有关系。但它与年轻人的教养有共同之处，即帮助人们获得或加强文明的思想和行为方式。如果一个人认为"教养"与其说是培养年轻人，不如说是培养各年龄段的人——通常是年轻人，因为所有的年轻人都需要教养，但教养不仅仅是提升年轻人，使之达到某些标准，那么，这样的认识可能会使我提出的教育概念更容易被接受。

按照这种观点，教育有时是针对成年人的，但这与我们通常理解的"成人教育"不同。成年人学习园艺史或补习英语是出于他们自主的职业

[①] 彼得斯的意思是说，我们今天的文明生活是脆弱的，也就是说它很容易被损害或被摧毁。他的基本思想是，尽管我们认为文明生活是合情理的，但我们应该采取措施保护它，使它不那么脆弱。——译者注

选择和休闲方式，这与使他们达到一定的文明水准没有必然关系。通常理解的成人教育之所以被称为"教育"，是因为在我们的文化中，教育与正式的学习形式之间有着根深蒂固的联系。

最后要说明的一点是，更常见的成人教育观念显然不是家长专制作风的。如前所述，在成人教育中，学习者会选择自己喜好的课程。但是，我所说的"文化教育者"可以提高人的观念、发挥激励作用，对于他们我们该说些什么呢？当人们不再是孩子了，难道他们没有权利不接受某些激进分子的训诫，或者没有权利拒绝他人强加的信仰吗？

如果这些信仰确实是特殊的，我认为人们就有充分理由加以反对。但是，试图塑造或控制他人思想的人与基督教狂热分子并不完全相同，后者常常挨家挨户敲门，劝说他人信仰基督教。我们是否应该接受耶稣再临是一回事；我们是否应该避免因性别或肤色而使他人处于不利的地位是另一回事，后者是文明社会中每个人都应该遵循的，即使不是所有人都能做到。性别歧视和种族主义这些存在着的严重缺陷或许与强大的社会结构有关，然而一个渴望文明的社会需要以某种方式向人们施加压力，使人们更接近文明的标准。如果我们用施压这个词暗示了塑造者不合理地塑造他人思想，使之符合自己价值观，那么，这就不属于家长专制作风，而是指社会的影响作用。反对歧视不仅仅是行动主义者的理想，在一个宽容而公平的社会——假设人们不是教条地追求宽容和公平——保持价值观的适当平衡应该是每个人都要做到的。

澄清教育目的

我在上面说过，在后生产主义社会，如果我们不首先明确何为"教育"，我们就无法进一步确定教育目的，我希望这一要求现在已得到了充分满足。认识到教育目的应该是什么，就等于知道良好的教养是什么。

我知道这似乎仍然难以接受，因为我所倡导的教育似乎把全部重点放在行为而不是智力学习上，就好像我在试图复活陈旧的、以形成品格为目的的精英私立学校（public-school），甚至是在倡导另一种形式的精修学校（finishing school）[①]，以培养具有良好教养的年轻人。我想让"教育即教养"的含义从这些私立学校的意义中摆脱出来，至少大部分要与它们区别开来。我欣然接受品格培养处于教育的首要地位，但我并不赞同基督徒或上层阶级对它基于英国历史的理解。此外，这也引出了我们的主要任务：我不认为培养品格的目的与发展智力的目的相冲突。

两者不仅不互相排斥，而且相互包含。品格的目的，或以人为本的目的，在逻辑上引出了知识的目的。无论理想上对良好教养的人的看法如何，这一认识都是正确的。有教养的人必须了解社会生活习俗，而且，如果我们认为具有良好教养的人不能是利己主义者，而是关心他人利益的人，那么，这就意味着他或她必须养成对他人心理的理解，如理解他人的欲望和情感。

我们也可以倒转整个论证。如果有人想把知识的目的作为教育的核心（很多人都这么做），我们可以根据他们的理据来反驳他们，可以从以下几个方面展开回应：（1）获得知识或追求知识和理解本身就很重要，无需进一步的理由。我们的反驳是：为什么它们本身就很重要？有些人具有学术发展的潜力，但是，假设我们是为所有人提供教育，为什么要认为每个人都应该有学术倾向呢？毕竟，从照料菜园到弹奏木琴，可以从事的活动实在是太多了，为什么要追求学术优先呢？（2）为了在世界市场中生存，我们需要具有良好的文化知识，尤其是要掌握科学知识和技术。我们的辩驳是：这可能是对的，但是为工作做准备是教育的核心吗？如果教育是为生活做准备，生活又围绕着工作，就像生产主义传统所秉持的那样，那

86

---

① 此处的"public-school"不是指普通的公立学校，而是指像伊顿公学（Eton）或哈罗公学（Harrow）这样的精英私立学校。精修学校是过去为富家女子完成上流社会的教育而办的私立学校。——译者注

么，我们可以看到这个理由可能是有说服力的。但是，如果工作中心的观念深可怀疑，那么这个理由就是不完善的。（3）孩子们需要学习历史、科学、地理以帮助他们理解他们所生活的世界。他们需要这种理解，这是各种形式的良好生活的基础。我们的评论是：你说的有道理！

发展智力是很重要，但不是首要的，它们必须在更广泛的目的构成中找到合适的位置。

让我们重新回到以人为中心的教育理论上——如果你喜欢，也可以称之为以儿童为中心的"完整人"（whole person）的教育理论。我们理想中的受过良好教育的男人或女人是什么样的？这是最基本的问题，所有教育政策的制定都需要从这里开始，但却从来没有这样做过。

一个相对没有争议的主张是教育与培养人们过上良好生活有关。但是，什么才叫过上良好生活呢？对于我们大多数人来说，良好生活带有两种明显不同的内涵。一种指向利他主义、行善，像德蕾莎修女那样努力争取人类和平；另一种指向个人的繁荣充实、过上自己想要的生活，像菲丽西蒂·肯德尔（Felicity Kendal）放弃压力大而忙碌的工作，到乡间过自己喜欢的自给自足的生活[1]。这两方面在我们的理想中都占有一定位置，但它们是否像我们通常认为的那样泾渭分明，讨论到现阶段还是一个悬而未决的问题。

道德教育及其超越

在某种程度上，教育理想中应该包括某些方面的引导是没有争议的，起码在我们这样的社会中是这样。我们大多数人都会同意人要具备好的品质，如诚实、尊重他人、尊重他人的财产和隐私、友好、公正、富有幽默感，不仅关心身边人的良好生活，而且关心国内乃至世界上不相识的人的良好生活。为人们广泛认同的类似的好品质还有很多。

而对如何描述这些品质以及如何确立它们的优先顺序，则没有那么一致的意见。我们现在处于生产主义时代，是典型地从"道德"的角度来思考这些问题的。所有人都应遵守一些道德准则，如不失信、不说谎、禁止不公、禁止身体伤害、禁止谋杀、禁止盗窃、禁止侵犯人身自由等。这些大多数都是消极的，是摩西十诫和基督教传统的衍生物，只是现在对许多人来说是世俗的要求而非宗教的戒律。然而，没有哪一种道德准则完全由消极义务构成。"爱邻如爱己"的基督教传统告诉我们，我们必须积极地去做些什么，而不是不做什么。这里往往就会引出争议：这种道德义务的范围是什么？一些人极力遵守它，大多数人则灵活对待。达者济天下，一些人甚至为了全人类舍生忘死。而另一些人则限于对身边朋友和家人尽当前的义务，在街上看到不相识的人摔倒时帮助扶起，或者是遇到陌生人掉进河里时尽可能地相助。在这些人看来，能帮助他人的最好方式就是让他们过自己的生活，也就是说，严格遵守着"十戒"。

这种以"道德"的方式来描述生活其他方面的方式虽在生产主义时代前就存在了，但它却与生产主义紧密相关。以有偿工作为生活重心的人群需要哪些品质？由于有偿工作建立在雇佣合同的基础上，因此，人们会期望孩子们的道德教育特别注重遵守承诺。职业上的承诺往往会体现在更加具体的职责上：守时、勤奋、诚实、尊重财产、服从权威。在工作中和工作之余，人们都应该保持冷静、平和、守法。没有必要把积极的品行延伸到最低限度之外：从营利的角度看，更广泛的乐善好施很可能会适得其反。

发挥更大作用的是灌输给未来几代工人的道德教训：要经得起诱惑，忠于职守。无论是出于宗教目的，还是为了符合世俗纯粹道德的后宗教要求（the post religious demands）①，自我克制一直是一种审慎的美德，因为以工作为导向的文化培育出了几乎没有时间或精力去追求个人目标的群体。

现在回到后生产主义时代受过教育的人的理想。除了用传统的"道

---

① 在作者看来，20 世纪中叶以来，在英国，信仰基督教的人数在急剧下降，但基督教的价值观在许多方面仍然以非宗教的形式存在，将义务置于个人欲望之上就是一个例子。——译者注

德"术语，有没有其他方式来描述他或她应具有的其他方面的品质？我上面列出的"济天下"和"顾小家"的行为基本上不符合这种思考方式。与诚实或尊重财产相比，友好和有幽默感通常不被视为"道德"品质，与他人和睦相处或持有积极乐观的生活态度也不属于戒律。然而，虽然我们在这些方面没有义务上的要求，但毫无疑问，平易近人而不是令人生畏，风趣幽默而非枯燥乏味，是有助于大家和睦相处的性情。诚然，几个世纪以来，以工作为中心的社会可能对它们没有太多需求，但站在更广泛的社会生活的立场上，这些品质会更加被看重。

还有很多超出传统道德规范的美德。与义务驱动相比，我们更看重发自内心的热情、仁慈和感恩。当不是出于义务要求时，我们赞赏慷慨——无论是精神上的还是物质上的慷慨。在人际关系中，我们珍视伴侣和亲密关系，尽管没有道德法则要求我们这么做。

直到20世纪70年代末，大多数道德哲学家的研究都局限于道德义务及其意义，研究道德义务的本体论地位与其正当性。但从那以后，视野就大大拓宽了，美德伦理学兴起，补充了规范伦理学未及之处。当然，早期的哲学思想远非提倡服从传统的道德准则，而是经常遵循康德伦理学或功利主义伦理学的论证路线，探索合理的道德准则的可能性，使人们能够筛除那些不合理的传统成分，如所谓的手淫的罪恶，或者婚前性行为。但是，尽管功利主义伦理学对道德问题的自主思考持开明态度，这种道德哲学讨论的现象却非常有限：诸如诚实、守信、公正、仁慈、尊重自由、不作恶。20世纪70年代末以后，越来越多的道德哲学家——他们现在开始放弃这个头衔——更倾向于将"伦理学"而不是"道德哲学"作为他们研究领域的名称，他们把注意力转向了美德，如勇敢、自制、节制（如调节某人生理上对食物、饮料和性的欲望）、爱和友谊、自信、慷慨。在伦理学研究中，亚里士多德开始与康德争做历史思想灵感的最初源泉，尼采摆脱了他与纳粹的联系，被提高到现代道德哲学家的前列。同尼采一样，当代思想家们也在古希腊伦理学的阳光普照下发现了他们所寻求的更广阔的领域。

在生产主义受到严峻挑战的时候，发生了向古希腊亚里士多德的美德伦理学的回溯，这可能不是巧合。如果工作是生活的中心，那么生活就必须围绕着义务来建立，这些义务既包括工作本身的义务，也包括工作制度所要求的有序的家庭常规。随着有偿就业逐渐失去其支配地位，与有偿就业不相关的其他个人品质开始受到青睐。亚里士多德描绘的美德适合闲暇人的社会，他们可以把他律工作留给仆人。在骑士桥（Knightsbridge）和汉普斯特德（Hampstead）主教大道以外①，今天的我们离把工作交由他人来做还很远，但如果我们的社会确实在向情景二迈进，那么，在不太忙碌的世界中，我们所需要的人际交往的品质会更接近古希腊的理想而远离义务论道德。

教育：为了繁荣充实的生活

从特蕾莎修女到菲丽西蒂·肯德尔，从道德教育到为了个人繁荣而充实（personal fulfilment）的生活之教育，我们刚才提到的伦理学研究领域的拓展恰好给我们带来了很多帮助。良好生活的希腊语是"eudaimonia"，实际上，亚里士多德阐述的美德既是个人良好生活（personal well-being）的主要要素，也是基本要素。勇敢、自制和节制帮助我们调节恐惧、愤怒的情绪以及生理欲望。没有它们，我们将无法过上良好的生活，但它们不只是服务于我们自己的利益——当然我们不能用以自我为中心的方式狭隘地理解我们的利益。作为一个社会存在，生活在由他人组成的社区里，我管理自己情绪和欲望的能力也对我周围的人有益。

正如最近几个世纪以来人们所理解的那样，道德与关心自我截然不同。一方面是我的道德义务，我在道德上应该做什么。另一方面是我自己

---

① 骑士桥地区是伦敦市中心西部的一个住宅和商业区。汉普斯特德是伦敦中北部保护得最好的古城区之一。——译者注

的利益，一旦我履行了道德义务，我就可以自由地去追求我的目标。当然，也有一些复杂的情况。有些人想把履行道德义务作为最高的个人目标。而且，正如我们所看到的，在个人生活中，道德和个人利益的相对权重存在着个体差异：有些人具有高度责任感，在生活的各个方面随时随地忘我地帮助他人；还有些人持更简约的道德观念，以不伤害别人、不干涉他人为基本准则，大部分时间专注于自己的事情上。除了这些差异，我们所继承的伦理传统有一个核心特征，就是在道德和自我之间进行了明确的划分。

尽管我们知晓道德和自我之间存在差异，但这并不是我们看待伦理生活可以采取的唯一视角。源自希腊，尤其是来自亚里士多德的另一种思想是，对自我的关心和对他人的关心并没有明显的区别。在美德发挥作用的过程中，我们发现勇敢、自制和节制不仅有益于我自己，也有利于我们周围的人。在友谊、家庭生活、性爱等更亲密的人际关系中我们也会发现这一点。尽管在所有领域，必要时可以将自身利益与道德义务区分开来，但是，在人际关系中，用"我们的"思考方式和行动来表达相互依恋与共同追求，要比把"我们"分离为原子式的"我"和"你"去言说与行动更自然。两者很难分开的第三个领域是我们与他人为共同的目的而合作的活动，如团体运动项目、学校或医院中的工作、科学研究活动。在合作的活动中，达成我自己目的的同时，也实现了你的目的，两者同样不能完全割裂开。

在教育上，培养孩子们关心自身生存中的核心问题，这没有什么不对，只要我们在工作中对人的自爱持一种宽容的态度，并将利他与利己行为结合起来，就像刚才所建议的那样。就我们所做的而言，我们回避对自我的关心，我怀疑是因为我们仍按照传统行事，将"道德"和"自身利益"割裂开来。如果自身利益与对他人的关心一点都没有关系，那么自身利益可能被看作排除了利己和利他这两种动机的关系与活动。这给我们留下了什么呢？一是身体的快乐，在吃喝、性生活、运动等中切断了社会的准则，也失去了通常相伴的社会交往、合作或亲密的感情。二是个人声望和社会认可带来的快乐。换句话说，我们一方面强调道德，另一方面又越来越接近享乐主义的生活观。依照不同人有不同的品位，享乐主义观念以不同的方式表现出来，如表现在《花花公子》《太阳报》《你好！》等杂志中 ①。

父母和教师要以远丰富于个人幸福的视野，来培养孩子对自己良好生活的理解，要让孩子明确认识到在个人的良好生活中，社会联系（social attachments）几乎无处不在，在家庭生活、合作活动中要珍视与他人的联系。

我们在第 1 章和第 3 章中所理解的良好生活是一个人广泛地达成他或她生活中主要目标的生活。我们还看到，在现代社会中，这些目标并非完全由社会决定，而是由个人决定的。因此，在这样的社会中，个人自主应该在教育目标中占有重要地位。基于这种认识，为了孩子们的良好生活，要教育他们学会自己决定未来生活的主要方向——形成什么样的人际关系，包括与异性的关系；决定参加哪些活动；如果要参加宗教活动，选择哪些宗教团体等。如果我们摒弃在道德与自我利益之间过于简单的两分，那么自主教育就不能被理解为仅仅与自我利益紧密相关而与道德无关，因为我们认为道德和自我利益是交织在一起的。孩子未来的生活不全是个人选择的领域，任何父母或教师都不会让孩子们认为他们可以随心所欲地撒谎，或者认为可以全凭自己单方面决定是否遵守诺言。孩子们要学会对他人的要求和利益给予应有的感受与理解，在某种程度上，这来自孩子们为自主所做的准备。孩子们愿意参加的活动和形成的个人爱好（personal attachments）通常既有助于孩子们自己过上良好的生活，也有助于他人的良好生活。

---

① 《花花公子》《太阳报》《你好！》是面向年轻人的流行杂志和时装杂志。——译者注

为学生自主的教育

广泛的教育目的现在应该相当明确了。更具体地说，它包括什么呢？父母、教师和文化教育者需要牢记什么呢？

对此，我要强调六个方面：

1. 如果人们是自我决定者，那么人们所偏爱的生活方式、参与的活动和做出的承诺等方面可能存在巨大差异。孩子们接受的教育应该是期待并乐于接受这些差异。多样性是值得赞颂而不是遗憾的事——这是我给出的基本预设，也是我在本书中一直倡导对他人的良好生活给予应有尊重的起点。

2. 尽管存在多样性，但每个人都有一定的基本需要，如果他们想生活得充实而有意义，这些需要必须得到满足。这些基本需要涉及健康、教育、收入、住房、安全、自由、社会参与和社会认可等。必须教育孩子们认识到这些基本需要在自己和他人的生活中是至关重要的。孩子们不仅要从理智上认识到这一点，而且要学会在具体的情况下如何采取措施确保这些需要得到满足。

3. 由于自主是要求在各种选择中做出抉择，因此教育者必须向孩子们介绍各种可能的选择，孩子们也必须充分理解各种选择从而使自己处于能做出自我决定的有利地位。而且要记住，这些选择包括各种各样的活动、关系和更广泛的态度，例如对宗教的态度，这就对学习者提出了更多的理智上的要求。

4. 一旦我们意识到孩子们需要了解他们自主做出选择时要具有社会视野，对孩子的理智要求就会增加。这些选择不是抽象的，而是按照某种理想标准做出的——是学习者在实际生活情境中必须做出的现实选择。这需要学习者对社会环境、文化及其制度有一定的理解。一旦我们看出培养学生自主性的教育目的具有易受社会影响的性质，下面这一点就会得到加强：如果把促进他人的良好生活与促进自己的良好生活紧密结合在一起，

91

那么学习者为此也需要理解自己身处其中的社会。

5. 对于自主的生活来说，了解多种可能的选择和理解社会是不够的，还需要培养孩子们的实践理性。孩子们需要知道如何实现自己设定的目标，如何识别障碍并克服它们，当自己的理想目标无法达成时，要做出多大程度的妥协，更通俗地说，就是要学会处理自主的生活方式中普遍存在的价值冲突。所有这些都指向了家庭教育和学校教育的实践层面。当然，这种实践理性表现为手段和克服障碍的知识，在实际过程中对事实知识或理论知识提出了进一步的要求。在孩子们的成长过程中，重要的、有时也被忽视的一点是，一旦孩子们掌握了所有相关的事实知识，就要帮助他们对该做什么做出自己的判断。

权衡相互冲突的价值，其重要性要反复强调。在一个人的生活中，价值冲突既是全面的也是具体的。生命短暂，一个人不可能做所有事情，必须在友谊、家庭生活、艺术欣赏和公民参与等方面达成平衡。在特定的情况下，一个人可能不得不在做自己的事与满足朋友的需求之间做出权衡，或可能得在各有利弊的两份工作之间做出选择。如何做出取舍呢？这就需要带领孩子们进入解决各种冲突的复杂情境中。

6. 正如亚里士多德教导我们的，实践理性是良好生活的核心美德。但它还需要更具体的个人品质，而且是需要教育者尽其职责加以培养的品质。自主生活是建立在自主选择的活动和社会关系之上的，要想在这些方面取得成功，一个人需要有措施以保证目的实现，有信心克服前进道路上的障碍，有抵制诱惑的意志品质，有面对负面社会压力仍然坚守承诺的道德勇气。此外，一个人还需要有清晰、客观、独立思考等理智美德，以帮助自己更理智地定位要取得怎样的个人成就。

工作在教育目的中的地位

我已经讨论了教育孩子过上美好生活的两个方面，一方面是关心他人，另一方面是关心自己。如我们所见，尽管我们的文化传统倾向于把两者归到道德和自身利益这两个相互排斥的方面，但还有一种更具吸引力的选择使两者不可分离。

随着情景二社会的出现，他律的有偿就业在人们生活中的地位逐渐降低，教育目的应反映这一点。我们说的不是他律工作不复存在的社会，有人认为没有他律工作的社会是一种乌托邦或是反乌托邦，因为那是政治、经济一塌糊涂的社会，但以工作为生活中心的社会的确越来越受到挑战，自主活动和关系日益充满了人们的生活。

正如我们所看到的，以个人欣欣向荣的生活为伦理中心来取代道德 / 自身利益的二元论有其充分的理由，它使个人的生活更加充实而有意义，而以工作为中心的文化无法做到这一点，因为它是围绕着义务论道德建立的，个人的重要事情（personal concerns）被置于边缘。但在对个人的关注中，追求物质享乐的观念现在颇为流行，这着实令人担忧。随着工作中心观念受到挑战，与之相适应的教育体系应该向个人目的方面转变。与工作相应的教育目的应该在日益扩大的框架内——人的良好生活的目的中找到自己的位置。

让我接着上面提出的六个方面中的第三点往下说。如果孩子们要成为自主的成年人，他们的教育必须为他们拓宽视野，围绕着他们可能希望追求的各种主要目标，从活动和关系两个方面进行拓展。工作目标是活动目标的子集，正如我们在本书中所讨论的，不是所有的活动都涉及工作，享受阅读一本小说或观赏一部电影不是工作，参与社交活动或在开阔的丘陵地带漫步也不属于工作。教育应向孩子们介绍这些活动以及对工作的选择。

在对工作的选择中，我们现在需要再次强调所熟悉的自主工作与他律工作的区别，自主工作构成一个人生活的主要目标，而他律工作则缺乏这一特征。需要向儿童介绍自主工作领域的各种可能性——从直接对他人有利的工作，它们通常是有偿工作，如农民、教师、护士、店主，到艺术和科学领域中创造性的智力活动。工作的选择还包括各种他律工作，如各种有偿就业或家务劳动。由于他律工作的缺点已经被其他因素抵消了，故这些工作仍可能在良好生活中发挥作用。

除了这些具有实质意义的工作外，还应该向学生介绍更有价值的选择序列。我的意思是说，应该使学生清晰明确地理解工作领域中还存在其他重要而又合理的区别，具体包括：一般活动和特殊的工作活动之间的区别；工作和有偿工作之间的区别；自主工作和他律工作之间的区别；在一般性的有偿工作中核心工作和辅助工作之间的区别；有偿工作和志愿工作之间的区别。到目前为止，年轻人一直被敦促遵循单一的工作模式，即在他们所处的环境中尽可能从事地位高的全职有偿工作。但他们需要更少的限制，扩大更有价值的选择序列将有助于实现这一点。

敞开这些不同选择的意义一部分是为了提供信息，让学生意识到各种可能性；一部分是为了反思，鼓励学生思考有利因素和不利因素，以便他们有足够的能力在自己的目标系统中赋予自己的爱好应有的地位。不用说，介绍给孩子们的工作包括了自主工作和受约束的工作，但这些工作的范围是不受限制的。考虑到平等尊重所有儿童的原则，在一些教育系统中认为工人阶级的孩子只需要接触工人阶级的工作机会，这种传统观点是站不住脚的。让孩子们意识到与工作相关的选择可以是也应该是学校与家庭的共同任务。一般来说，更复杂的部分可以留给学校，学校能更好地向学生介绍一些需要掌握某些学科知识的工作，如需要有科学基础的有偿工作，或者艺术家和学者的创造性工作。

如我们在前文第四点中看到的那样，学生们除了要了解可选择的不同形式的工作，还需要了解做出选择的社会背景，这包括经济运行的各种方式，以及经济赖以存在的科技基础。这是基本的背景知识，无论是对于学生为自己做出的自主选择，还是他们在帮助满足他人需求和喜好的过程中发展出的业余爱好来说，都是必要的背景知识。

另一个教育目标是使学生们了解工作的地位，尤其是要了解工作在自己文化中的地位，但也包括了解工作在其他文化中乃至在更普遍的人类生活中的地位。对于英国的孩子来说,这意味着要他们认识到传统的工作准则,以及由此产生的工作中心地位的预设。在这一点上,对目的的理解与价值观的反思密不可分:孩子们不仅需要了解人们对工作地位的看法,而且需要得出他们自己的结论。这将鼓励他们对自己的良好生活和他人的良好生活进行更广泛的反思,随着年龄的增长,他们的反思会变得更广泛、更深入。

我们曾在第 2 章简要地讨论了工作中心观念对生态环境的影响,尤其是为了保持以往的高消费而导致世界上可用的资源越来越少,以及高消费带来的严重污染。学校既需要向学生介绍生态方面的知识,使之理解环境保护的意义,也需要引导学生从普遍意义上反思人类为追求幸福而在生态环境方面付出的昂贵代价,特别是要反思自己目标序列中的追求是否会破坏自然环境。

职业与生涯规划

对于许多年轻人来说,传统的工作文化带来的不仅是工作为生活中心的观念,也带来了职业的中心地位。孩子们接受的教育常常是把生活视为一个整体,大部分生活以一系列工作为中心,工作提供越来越多的机会、好处和收入,而退休和死亡遥遥无期。孩子们受到的鼓励是把自己的生活看作逐步实现职业生涯规划的过程。

在对人的良好生活的哲学解释中,尤其是在罗尔斯的《正义论》(Rawls,1971,ch. 7)中,充实而有意义的人生被认为应该建立在生涯规划的基础上。我在 1982 年出版了《再论教育目的》一书,在简述教育目的时也采用了类似的观念。但从那时起,我开始意识到,生涯规划与良好生活之间的联系可能是偶然而不是必然的(White,1990,pp.85-89)。除其他方面的要求外,良好生活是一个人的主要目标得到广泛实现的生活,而基于个人自主的良好生活亦是如此,其理由更为充分。但这里没有表明目标是如何实现的——也许是通过将其纳入长期规划的方式,或是自发地实现，人们对此的看法各不相同。幸运的话，无论采取哪种方式，他们都能过上良好的生活。在这方面，没有必要特别高看规划者，因为如果运气好的话，那些尽情享受生活的人也会过得很好。

在以工作为主导的文化中，人们可以理解为什么生涯规划的观念是理所当然的。但这并不意味着历史上这一观念总是与自主的良好生活的观念联系在一起。两三百年前，人生规划是一个人对上帝必须履行的宗教 / 道德义务：一个人必须说明在为上帝服务中的劳作是多么有价值。如果是出于更多的自然欲望而使自己摇摆不定，那简直就是不符合服务上帝的严肃目的。

历史上的宗教时代留给我们的世俗工作文化仍然认为，生活最好建立在以职业为特征的生涯规划上，尽管规划的框架现在常常与个人幸福有关，而非与道德需求相连。

对美好生活的更自由的看法为短期的和非规划的生活提供了更大的空间。20 世纪 90 年代末期，哲学观念和社会经济观念都朝着相同的方向发展，在哲学家们（例如，Williams，1981，p.35）打破了生涯规划与个人良好生活之间的联系的时候，劳动力市场的变化也削弱了"终身工作"的前景。当然，愈加不确定的就业方式不一定是件好事，但情况往往恰恰相反，我们在这里看到的文化变化可以朝着良性的方向发展。如果社会政策措施能够消除因终身就业机会减少而带来的物质匮乏，那么，原本不乐观的未来前景将会迸发出新的生机。如果人们愿意的话，他们会发现，着眼未来 10 年、20 年甚至 30 年，生活将不再那么具有工具意义，他们可以有更多的时间享受当下或即将到来的快乐，而不是总想着未来的职业。

正如吉登斯在《超越左与右》一书中所指出的，在英国，人们是在20 世纪才逐步了解福利国家的，福利国家实际上是生产主义的附属物（Giddens，1995，ch. 5）。如果工作是我们生活的中心，社会政策就必须围绕这一点来制定。正常的期望是全职工作 40 年以上，之前是国家资助的学校教育时期，其主要目的是为工作做准备；与此同时，政府还为那些

95

不幸找不到工作的人提供福利；之后一段是国家资助的退休时期。这就将基本的人生规划几乎强加给了所有人。现在，随着工作文化的减弱，这些僵化的观念也会有所改变，如吉登斯所主张的，有充分的理由消除有偿工作与 60 岁或 65 岁退休之间的明确界限。正如我们将要看到的，当我们更具体地审视学校未来的角色时，我们便有充分的理由把重点更多地放在学习上，即突出有趣的学生活动（学术活动、创造性活动、体育锻炼等），少强调一些职业规划。

性别问题

最后一点是性别问题，这也是由吉登斯（Giddens，1995，ch.7）引发讨论的问题。工作准则的时代已经被严重性别化了，男人的命运就是工作，女人就应该待在家里。在后生产主义社会中，情形必然会改变。女权主义者要求女性从事有偿工作，并享有与男性平等的劳动权，这似乎进一步向工作主导的社会倾斜，也许在短期内的确如此，就像 20 世纪 80 年代的撒切尔政策明确支持工作主导的社会那样。但是，如果情景二成为现实，工作主导的社会可能会逐渐让位于反对工作准则的文化运动。

与撒切尔主义不同，女权主义对有偿工作的诉求伴有其女权主义思想，这些思想对传统工作态度提出了挑战。我在这里考虑的是对传统女性美德的歌颂，如关心和照顾周围的人、维持和增进关系、在日常生活中表现出合作精神和实践理性。如前文所述，重要的是这些美德不仅对妇女提倡，而且为适应男女两性都参加工作这种新的生活模式而倡导。传统男性品质与工作生活中的事业心和同事情谊相联系，如工具理性、回避情感、上进心、竞争心以及共同拥护的大男子主义价值观。现在我们更能清楚地看到，传统男性品质是文化的产物而非男性的天性。女权主义将魄力与其他工作准则结合起来，使男性和女性更加相近。对于两性而言，在情景二的社会中，大多数人将越来越把家庭和家庭生活，以及友谊和活动作为生活的中心。如我们之前所理解的，作为教育载体的学校可能会让位给家庭，因而，更一般地说，工作场所也将开始让位给家庭。

在教育方面，这应该会使男孩和女孩形成更加相近的性格。教育目的并不总是明确的。虽然学校或教育部最近没有在教育目的的公开声明中提到会因男女性别不同而培养不同的个人素质，但众所周知，透过家庭的教养，孩子们出现了分化，从而导致了文化间的紧张。摆脱生产主义应该有助于缓解这种局面，而更好的办法应当是把上面提到的适合两性的和善品德，如关心周围的人、维持和增进人际关系等确立为伦理规范，并以此为伦理准则来指导教育。

注释

［1］英国女演员菲丽西蒂·肯德尔以出演电视连续剧《美好生活》而闻名，该剧讲述了一对年轻夫妇退出事业竞争，到郊区过上自给自足的生活的故事。

第 5 章 教育与工作：学习的手段

工作与学习

关于情景二中的教育目的及其与工作相关的教育目标就说这么多了。接下来我想谈谈如何通过家庭、学校或其他社会手段来实现这些目标。

但在此之前，我要谈谈学习和工作之间的概念关系。

许多类型的学习都包含工作。约翰·杜威（John Dewey）在芝加哥创设的实验学校就以广泛的社会性工作为核心，如小规模的耕种、烹饪或木工（Dewey，1915）。在这些活动中，儿童不仅学习了语文和算术的基础知识和技能，还培养了自信和合作精神。

正如斯基伦（A. Skillen）在《美德可教吗？》一文中（Skillen，1996，p.223）提醒我们的那样，杜威学校有一个预设前提——"人的工作是社会中心活动"，而这正是本书所要挑战的假设。稍后在专门说明学校时，我们再回来讨论这方面的问题，现在我们重点讨论的是广义的学习概念。

正如杜威学校中的做法那样，即使在工作与职业不相关的情况下，学习也可以包括工作。孩子们可以通过熟练的乘法练习，以传统的工作方式来学习计算。这符合本书所使用的广义的"工作"定义，即工作是要有最终产品的活动：孩子们做算术题的目的是得到正确答案。

学校里受欢迎的学习方式有很多，或许最受欢迎的是工作式的学习。学生们画地图、考察历史证据、在水里扑腾着学游泳、搭建器械、把句子翻译成法语。他们做这些事是为了生产某些东西，至少部分是为了达到某些结果。

虽然不可否认学生们是在工作，但这些并不总表明他们是在学习。我们需要把与学习相关的活动和学习本身区分开来。学习是一种成就，如一个人获得了新知，学会了自信或宽容，形成了某种新的性格，或者是在性格上有了一定程度的改善。

有些"学习"活动并不引发学习。有些学生已经知道了如何进行乘法运算，可还是按要求做熟悉的乘法练习。他们在智力上已经掌握了乘法运算，也通过足够的练习巩固了运算技能，他们做运算是在做作业，而不是在学习。教室里发生的很多事情似乎都是这样。有的情况是，一个差老师可能主要专注于让学生们努力工作、"埋头苦干"，至于学生的理解力或能力是否提高就是次要的了。

我这样说，一点也不是要否认孩子们学到的很多东西是要通过生产活动和工作来获得的，而且或许有些只能通过这些途径来获得。

但是，对于学习的发生来说，工作是必要的吗？一个人能在不参加生产某种最终产品的活动的情况下学到一些东西吗？请记住，学习是一种成就，而不是一种活动，学习意味着一个人的知识、理解力、技能、态度或个性品质从原有状态提高到新的水平。学习可以以非正式的方式发生。一位朋友告诉我时政新闻，结果我从她那里得知，美国总统已经决定竞选连任。这是一个真实的学习例子：一个小时前我对总统的决定一无所知，现在我知道了，而这不需要我工作。在获得知识的过程中，我没有从事任何生产活动。我从事的唯一活动是与朋友聊天。在这个过程中，作为副产品，我从她那里得知了有关总统的信息。聊天这一活动的目的只是聊天，它本身就是一件愉快的事情，没有考虑它之外的某种目的。

我们以这样的反例打破人们通常认为的学习和工作之间的联系，这是重塑教育以适应后生产主义时代的一个重要举措。我们应该比以往更清楚地认识到，学习，而不是工作，才是教育的核心。还要记住，教育不等同于学校教育。我们将教育理解为教养，一旦这样领会，我们就会更明显地看到教育多么依赖非工作形式的学习。一个小孩子学到的很多东西来自父母的言谈。学习母语的说话方式，其基础时期就是在母语语境中听到大量使用恰当而丰富的词语。这样一来，孩子们就轻松自如地知道什么东西叫什么了，如果他们犯了错，就会被纠正，从而知道正确的说法是什么。对孩子们来说，这一切都伴随在与家人之间的愉快沟通中，就像我是在一次聊天中无意间知道总统将竞选连任的一样。

当然，在孩子早期学习的阶段，父母可能会也确实会提出这样的问题，比如"你还记得哪些动物有长耳朵吗？"或者"如果我拿走这三张卡片，还剩下几张？"，有些孩子会马上回答。但孩子们思考得越多，就越像是在工作。这是因为儿童正在从事一项活动（思考），打算产出最终产品（父母所提出问题的答案）。

除了热心孩子教育的父母，幸运的是，大多数早期学习都是在普通的社会经验中自发进行的。其实，并不只是早期学习，在任何年龄段，我们所知道的很多东西都是在经验中获得的。

这不仅适用于像总统决定竞选或是餐具的名称这些事实知识，而且适用于一个人学到的其他知识，如理解事情的原因。儿童在家听到的谈话很可能与人们做事的动机有关，或者是对物质现象的因果解释，例如植物枯萎（因为缺少雨水）或电视机打不开（因为它没有插上电源）。在更复杂的层面上，我们可以理解为什么英国经济停滞，或者知晓全球正在变暖的原因。诚然，理解越是复杂、越是具有理论性，就需要投入越多的努力（工作）才能获得。但一般来说，我们对某些主题有更深刻的理解，并不总是必须通过工作才能做到。

技能学习也是如此，至少部分如此。孩子们通过看父母做饭、装饰房间、干园艺活、清洁汽车、待人接物，可以学习到各种各样的技能。诚然，要想获得这些技能，他们需要的不仅仅是这些——而首先是要进行大量的实践。但是，无论是通过观察获得，还是经由他人告诉和解释而知晓，都对掌握技能有所帮助。

最后，态度、情感和性格特征的获得在很大程度上与实例学习有关——无论是向典范学习，还是来自反面实例的警示。我们没有必要费力阐释这一点，因为我们常见到的是：我们的种族偏见、我们的自负是在与周围人的接触中不知不觉形成的，而我们的乐观和幽默也是在与身边人的相处中潜移默化地熏陶出的，其中朋友、媒体都发挥着作用，特别是家人的作用更大，工作倒不是主要的。

刚才提及的非工作导向（the non-work-based learning）的学习，大部分不是教学的结果。这些学习需要学习者向他人学习，但不需要他人有教育的意图。他人当然可以告诉你各种各样的事，但告诉并不总是教学。有时甚至连他人的讲述都没有，学习者仅仅通过感受就学习了。

教学在我们现在讨论的学习中起什么作用？教学引起的学习在多大程度上是通过工作发生的？教师是工作者——当然不仅仅是学校的教师，无论是通过正式的还是非正式的方式，任何教给别人一些东西的人都是工作者，这源于我们对教学概念的理解。哲学家把"教学"称为"任务－成就"词，它具有两个方面的含义。一个教师可以教一下午的课（任务意义上），但到了晚上，她得出的结论是她没有教给学生什么。在任务词意义上，教学是意在促进人学习的活动；在成就词意义上，教学是实现了教学目标的活动。正如我们所看到的那样，虽然任务词意义上的教学有时会失败，但这两种含义是相互联系的，因为任务必须以成就为目标，而没有任务就不可能取得成就。教学与学习的区别在于，尽管这两个术语都意味着某种成就，教学能引起和促进学习，学习能获得知识等。但是，如我们上面所讨论的，学习可以通过其他方式发生，只有教学才须是一种活动。此外，教学必然是一种工作形式，因为教师从事的活动旨在产生一定的结果，即学习。

教师是在工作。但是，当教师教学生时（在成就词意义上），学生是否一定在工作？学生并非总是在工作。教师须有唤起和促进学生学习的意图，但在实现这一目标的过程中不必旨在让学生从事工作。一方面，教师可以引人入胜地讲述一些事情，让学生轻松自然地沉浸在历史事件、作者生活和科学发明中。教师还可以自觉地以身示范，通过尊重、鼓励和认可学生，让自己的态度和行为潜移默化地感染他们。

长期以来，游戏一直是以儿童为中心的教师能力中的一项主要内容。多年来，作为一种教学方法，它一直受到严厉批评，其理由是游戏不能自动地引起学习。但另一方面，游戏有时能导致学习。幼儿的父母和教师都知道，游戏和类似游戏的活动在建立概念、扩大词汇量、发展数的技能以及其他方面具有潜力，这些活动也是一种非工作的学习形式。与被告知某事等非工作的学习形式不同，游戏是需要儿童敞开的活动，但从儿童的角度来看，他们参加这些活动是为了内在的愉悦，而不是因为游戏可能带来某些最终产品。

与游戏十分相似的是欣赏艺术作品。父母和教师鼓励孩子读故事、诗歌、戏剧和小说。出于教育（以及其他）原因，父母比教师更经常让孩子们看电影。孩子们通过这种方式可以获得学习的财富——事实信息的获得、对人性更好的理解、情感的提升，以及道德感悟和审美意识。虽然绘画和音乐也可以起到同样的作用，但是，已有研究充分证实了有价值的文学作品和电影更能促成多方面的学习。和游戏一样，孩子们被这些艺术活动所吸引有其内在理由，他们在过程中学到很多，但他们不是因为事前就想到了这些结果才去做。

这些都是父母和教师可以鼓励孩子们参与的一些非工作的学习形式。我发现一个值得注意的现象，孩子们一旦开始上学，与各种以工作为导向的学习相比，这些学习形式的地位就逐渐降低了，它们受到阻碍，甚至在某些方面遭到诋毁。孩子们很快就知道他们上学是为了工作，上学不是为了娱乐——不是玩游戏和自由交谈，不是听教师讲引人入胜的故事，不是花几小时专心读小说或者看电影。在以工作为主导的文化中，上学的目的更为严肃。

然而，如果真的要进入情景二的社会，难道我们不应该把学习放在首位，而把他律工作放在第二位吗？以工作为导向的学习（work-based learning）仍然有它的地位，实际上它占了很大比重，只是以工作为导向的学习越接近自主工作而不是他律工作时就越好，我在专门讨论学校作用时会再回到这一点。但是，当非工作的学习形式产生了丰富的结果时，如果我们不比现在更多地利用它们，那就有些愚蠢了。丰富的结果并不完全与特定的学习内容有关：一定程度上偏离工作导向的学习将有助于儿童逐渐摆脱"工作是生活中心且必须是生活中心"的观念。

现在让我们仔细看看主要教育者和教育机构，以及他们在孩子们准备进入情景二社会时可能发挥的作用，我先从父母谈起。

父母的责任

父母是孩子的第一任教师，也是孩子的主要教育者。上述关于教育目的的指导原则首先适用于他们。正是父母让孩子走上良好生活的道路，成为乐于容纳他人需要和兴趣的自主的人；正是父母使孩子具有了语言能力，形成了对社会和自然的理解，养成了必备的品格；正是父母首先塑造了孩子对工作世界的观念和对工作的态度。

父母教育孩子的方式应该与学校协调一致。与其他国家一样，英国在传统上就缺乏这种协调，其原因有几个。家庭生活一直被视为私人事务，不受国家的合法干涉。除了保护儿童免受严重的疏忽、虐待或健康危害这些最低限度外，父母可以自由地按照自己的意愿抚养孩子。直到 1988 年，《教育改革法》出台，开始实施国家课程，父母过多的权限才受到了一定的限制，教师和学校从而拥有了广泛的权力，至少在理论上是如此。此后，学校可以教给学生校方认为合适的内容。近年来，学校间统一要求的程度越来越高，首先在地方教育局层面，然后是国家层面，这使得制定父母与学校合作的政策成为可能。例如，父母已经参与了基本技能的教学，并签署了家庭和学校间的合同。

迄今为止，学校一直是家庭的主要合作伙伴。父母的帮助受到学校欢迎，因为这促进了学校的工作。但是，由于学校自身在很大程度上受制于工作文化，因此父母参与学校教育实际上也属于工作文化的一部分。

父母对孩子的期望与学校目标的一致也从属于工作文化。许多父母希望学校能让孩子具备找到"一份好工作"的能力，只是由于阶级和文化期望的不同，人们对"好工作"有不同的理解而已。特别是在中学，学生主要是通过他们工作的中心——公共考试中的成功来回应父母的期望的。[①]

在情景二的社会中，需要在更平等的条件下重新认识家庭与学校的关系。工作社会＞学校＞家庭这一等级体系将被取代，全面的教育目的应该处在最重要的位置上，父母和教师共同促进全面的教育目的之实现。如果还有什么不同的话，就是要考虑到父母具有更大的教育影响力，在实现教育目的的天平上应该给父母这边加砝码；但这一点不如父母和教师协同努力重要，即双方共同努力，使孩子们成为不再以他律工作为主导的社会中的成员。

简略地说，迄今为止的情况是孩子在家庭中的学前生活基本上在工作文化之外。在威廉·华兹华斯（William Wordsworth）[②]《不朽颂》中所说的"牢笼阴影"变得浓厚前，孩提生活是一段快乐的时光，孩子整日与父母在一起嬉戏玩乐，自由而受宠爱。小学把游戏变成了工作，随着孩子们年龄的增长，学校的要求和主导作用通常会增加。家庭的作用随之分裂开来：家庭一方面是玩耍、游戏等非工作形式的港湾，以保护学前教育中的那些价值观；另一方面是发挥辅助学校的作用，即促进儿童社会化，使之融入工作文化中。

---

① 在英国，学生16岁要参加的国家考试（GCSE）是他们完成第一阶段中等教育要颁发的证书考试，18岁参加的国家考试（A-Level）是普通中等教育高级水平课程考试。这些考试不是学校内部的考试，而是由专门的考试机构在校外设置和评分的国家考试。——译者注
② 华兹华斯（1770—1850），英国诗人。——译者注

　　虽然有很多这方面的例子，但在无比快乐的学前阶段，家庭的价值观与工作价值观完全相反，后者以约束为中心，而前者崇尚自由。过不了多久，孩子们就会经受"苦差事""单调乏味的工作""紧张的竞争活动"。当孩子们可以尽兴时，就让他们玩得痛快吧！童年是玩乐的时光而不是工作的时期；是做自己想做的事（在合情理的限度内）而不是按他人的意愿行事，哪怕是有点受娇惯也合情理。在这之后，做作业和备考成为孩子们生活的常态，学校课业的压力越大，父母就越有责任保护孩子们这个宝贵的心理空间。

　　我说的是在极端的情况下，因为并非每个家庭都与工作世界形成鲜明的对立。无论我们目前的生活方式如何复杂，在情景二的社会中，家庭和学校的传统价值观都会更加接近。游戏－工作的二元性将让位于对共同理想活动的追求。按照我们目前熟悉的逻辑细分，理想的活动包括非工作活动、自主工作和他律工作，学校和家庭都会涉及其中的每一类活动，我们稍后会谈到学校。在家庭教育上，如果父母比以往更清楚地明确自身的角色，有意识地鼓励孩子参与各种形式的活动，适当地保持游戏与工作间的平衡，同时铭记自己的家庭教育与教师工作之间的连续性，将有助于孩子的成长。

　　从身体运动和智力游戏中的口头交流，到听故事或看图画书，学前儿童和小学低龄学生能参与一系列非工作活动。从完全"自主"的意义上，这么小的孩子不可能有自主的工作，因为他们还没有通过对选择的广泛理解来确定主要的生活目标的能力。但逐渐地，随着对手段与目的关系之理解的加深，孩子们能参与到自己选择的活动中，此时他们会考虑一个清晰的最终产品，如做一张生日卡，组装一个喜爱的机器或组建一个道路系统，这些自主工作的种子未来就会开花结果。尽管任务会有所不同，但也可以首先引入他律工作。我想说的是，可以不加限制地鼓励孩子开展一些非工作性的活动以及最初的自主工作，只是父母需要更加小心地处理他律工作的任务。在情景二中，孩子们接受的教育不再是他律工作处于现实生

103

活的中心。然而，即使现在他律工作不占统治地位，这种工作仍然可能是他们生活中不可避免的一部分——尽管需要重新认识他律工作的活动以便与自主要求相一致。父母乐于见到孩子做游戏时，第一次富有想象力地帮助大人洗车，然后，父母可以坚持让孩子做力所能及的事：整理自己的房间、打扫浴室、帮忙做家务。

当然，家庭教育已经做了这些事，但当我们逐渐进入情景二的社会时，如果父母能更有意识地将做这些事与后生产社会的要求联系起来，那就更好了。

于是，活动取代过时的工作与游戏的二分，成为学前阶段和学校生活的核心主题。从心理学角度来看，鉴于儿童活泼的天性，让他们参与（有意义的）活动应该没有困难。有些父母可能会觉得这很难，这可能是因为对儿童的行为缺乏理解，没有意识到孩子们在构建他们自己活动方式中的关键作用。父母可能会让孩子随心情"自娱自乐"，而没有看到这会导致孩子们产生无聊感，或者是沉溺于电视中的无益幻想里。在我们习惯了的工作文化中，父母通常很少有时间陪伴孩子，或者当他们有时间时，也会由于疲惫不堪而不能为孩子做太多事。如果情景二的社会到来，父母的工作就会减少，这既会给父母更多的时间和精力来发挥应有的教育作用，又能让他们在各个方面成为孩子们的榜样。对于许多在生产主义文化中长大的孩子来说，父母做着没有吸引力的工作，无休止地抱怨自己的工作，希望能另谋高就，这些言行会起到负面作用。而在后生产主义社会中，随着父母有更多的时间从事自己的活动，孩子们会一天比一天更理解美好生活的图景。

父母在教育方面有多重任务。我们已经讨论了两个方面：引导孩子将精力投入到工作和非工作活动中；在平衡工作活动与其他活动中以身示范。第三个任务与性格形成有关，父母需要尽早采取措施，让孩子具备在情景二的社会中过欣欣向荣的生活所需要的品质。

当然，个性品质是伴随着参与活动的热情在活动中产生的，孩子在做事中获得自信，在活动中形成合作精神，以及萌发对他人的钦佩之情和仿效的愿望。但同样重要的是，需要适当调节人的欲望和情感，也就是说，要获得诸如节制（希腊语意义上的对食欲和性欲的控制）、勇敢（这有助于应对恐惧）和自制（这有助于处理愤怒）等美德。

　　在从生产主义到后生产主义社会的转变中，节制是需要特别关注的一种美德。如果学校要求学生勤奋刻苦，而在家里父母却放纵孩子，那么，促使学校远离过度工作——这种学校文化的改变就应该与家庭的改变相适应。众所周知，有的孩子一提要求，父母就让他们看很多电视节目，给他们买多到玩不过来的玩具，放任孩子沉溺于电脑游戏和享受其他消费品，如让孩子吃过多的快餐。如此，父母就错置了慈爱，或者是在为自己安宁的生活买单。孩子们需要强健品格以抵制身边的诱惑。在情景二社会，即一个较为悠闲的世界中，父母应该能够更好地关心和培养孩子节制的美德。此外，父母还有理智方面的工作，即帮助孩子进一步意识到消费主义的危害和其促进者（如广告商）的意图。这样，在扭转过度生产的过程中，父母对孩子的教育就可以发挥一定的作用，让孩子意识到这种过度生产所需要的是大量且不必要的他律工作。

学校与工作

　　情景二的社会将使家庭教育与学校教育具有更大的连续性，父母与教师的角色也更加相似。当然，教师们会扩大父母协助建立起来的儿童的知识结构，而这正是由于父母缺少时间或专业理解而无法创造的。但在根本上，教师会像父母一样是养育者，是儿童全面发展的塑造者，而不是学科专家。

　　在后生产主义文化中，教师将与父母分享使儿童社会化的多方面任务，引导儿童展开理想的活动将成为双方努力的核心。他律的工作活动将得到教师和父母应有的重视，或许与传统相比，父母对其的重视要更多一些，但对教师而言，他律的工作活动应尽量减少才合适，稍后我将对此进行详细说明。

教师还可以成为学生的新榜样。1996 年的一项调查显示，英国教师的工作时间超过了欧盟所规定的一周 48 小时，任课教师的平均工作时间超过 50 小时，校长的平均工作时间为 55—61 小时。在 1994—1996 年，小学教师的工作量每周增加 2 小时，中学教师增加 1.4 小时[1]。在英国，自狄更斯（C. Dickens）时代以来，为人熟知的"教师是苦工"的观念很难产生教师拥有完满生活的画面。如果工作时间减少包括教师工作时间的减少，那么，教师在与儿童一起工作时不仅应该少一些工作压力和对工作的厌倦，而且应该有时间发展其他兴趣。像父母一样，教师会传递这样的信息：生活不只需要工作，生活包括多种多样的方式，有自己主导的方式和受约束的活动，其中自主的方式居多且占优先地位。

虽然教师工作的重点应该放在学业上，但品格教育将成为教师工作的核心，正如它是父母工作的核心一样，教师会加强对统一的个性品质的培养，促进共同美德的发展。随着学生理智视野的扩大，这些美德将通过反思而得到充实。伴随着学生对经济的深入理解和对消费主义诱惑的认识，由父母有意培植的节制品格的幼苗也将长大。更普遍的是，学生们将在实践理性的主导下，统一看待并优先考虑各种不同的个性倾向，这同时也是他们在主动与被动中养成一定性情的过程。教师的首要职责是引导学生养成良好的个性品质。（White，1990，ch. 5）

在 20 世纪末的英国，学校和教师还没有出现这种新视野，只是涉及了一点点。1995 年，前教育部与就业部合并组建了新的教育与就业部（Department for Education and Employment，DfEE）。同年 9 月，教育与就业部将其总体目标描述为：

通过提高学业成就和技能标准以及推动建立灵活高效的劳动力市场，来促进经济增长、提高国家的竞争力和提高生活质量。（DfEE，1995a）

在 1995 年 11 月的一份文件（DfEE，1995b，p.1）中，这个目标被宣布是"政府为各级学校和各种学习形式的教育服务所制定的主要目标"。[2]

学校和大学服从于工作文化的要求是再明显不过了。在过去的三十多年里，我们对教育目的中存在的学术、个人和经济之间的紧张关系习以为常。目前，发展经济似乎占了主导地位。

这是否为生产主义向后生产主义转向前最后的痛苦挣扎呢？情景二的社会尚未到来，让我们看看在这种情况下学校会是什么样子。

学校实现其教育目标的主要手段是课程。在英国，自 1988 年以来，我们有了国家课程。假设它以某种形式继续实施，那么，如何改组国家课程以适应后生产主义的需要呢？

改组国家课程当然是应该的。针对最初复杂的国家课程内容，罗恩·迪林（Ron Dearing）用解决公共服务问题的方式大幅削减了课程内容①，使国家课程的基本框架变得非常简单，十个传统学科，其中数学、科学和英语三科是"核心"。我好像记得，在 1989 年春天，我向伊利诺伊大学厄巴纳 – 香槟分校（University of Illinois at Urbana-Champaign）正式递交了一个棕色的信封，信封背面是时任英国教育大臣肯尼斯·贝克（Kenneth Baker）草草写下的"国家课程"②。尽管我们现在都知晓，可当时我并没有意识到，是撒切尔夫人的美发师激发了这一历史性事件，那时她的美发师为在伦敦南部一所小学学习的女儿成绩不佳而担忧。的确，这促

① 罗恩·迪林是英国一位高级公务员，他在 1994 年主持了对 1988 年实施的国家课程的评估，形成了《迪林报告》（Dearing Review），使国家课程变得不那么复杂了。——译者注
② 这里是作者使用的讽刺性幽默，意指肯尼斯·贝克用了很少的时间和精力就想出了国家课程应该包括的内容。——译者注

使撒切尔夫人把经费投入到三门核心课程上，她认为这三门课程比我们现行的国家课程更为基本。贝克的妻子曾做过中学教师，正是她把我们从三门核心课程中解放出来。贝克曾提及他与首相间的沟通："过去，当我结束这方面的会议疲惫地回到家时，我太太会说：'不，你必须坚持广泛的基础课程。'我想这是我第一次提到这件事。我应该承认她在这件事情上所起的作用。"（《每日电讯报》，1996 年 6 月 1 日）

多亏了贝克夫妇的勇气、坚持和聪明才智，我们现在才有了含有十个传统学校科目的国家课程。也许除了撒切尔夫人和她的美发师外，在所有的谈判中，都没有人考虑过课程应该是什么，课程的基本目的应该是什么。这三门核心科目都与经济增长息息相关——至少据说如此。虽然大家对工作社会的要求以外的事物不感兴趣，但至少这个建议有明确和统一的目的。但是，贝克主张的含有十个科目的国家课程怎么就胜过了撒切尔夫人主张的三个科目组成的国家课程呢？这是为了达到什么目的呢？

说句公道话，它的确附有目的，其目的有两条。第一条是国家课程应该促进学生在学校和社会中的精神、道德、文化和身心的发展；第二条补充说明了国家课程应该帮助学生"为成人生活的机会、责任和经历做好准备"。还能设想出比这更简洁、更准确、更切合实际的对国家课程目的的描述吗？

这两条显然是后来加上去的，现在正指导着英格兰和威尔士的学校。这两个目的就是教育标准局（OFSTED）①新上任的学校督察员在检查学校是否完成其工作时首先要考虑的问题。然而，他们全凭个人的各种猜测来理解所接受的模糊术语。支持将宗教教育作为课程科目的人对使用"精神"一词兴奋不已。从那以后，他们一直不遗余力地向每一个人保证"精神的"不一定与"宗教的"联系在一起，对于我们走向哪里、生活的意义等问题，宗教信仰者和非信仰者都感兴趣。

---

① 教育标准局（OFSTED）是英国负责对学校（包括大学）进行检查的机构。——译者注

1988 年的国家课程设置了十个基础科目和十个学业水平，堪称不合逻辑的十进制杰作。它没有目的可言，后加的两条目的与设置十个科目的理由之间没有明显的关系。

没有这个国家课程，情景二的社会将会变得更好，或许其中相当大的一部分不能保留下来。当然，我们会希望孩子们学习诸如科学和历史等学科。但是，如果不先追问学习科学和历史的目的，我们就不能理智地确定所要学的科学内容和要学什么样的历史。目的必须放在第一位，否则，我们就会陷入谬误。例如，现在我们被历史课程中无价值的内容所阻碍，除了第二次世界大战的起因这一单元外，学生无需学习 20 世纪的其他历史就能毕业离校。[最近的一项调查显示，近三分之一 10—16 岁的英国学生认为，德国是欧洲最贫穷的国家（《独立报》，1996 年 6 月 10 日）。]

国家课程的基本缺陷在于它的出发点是一系列学科领域，而没有反映出课程应该走向哪里。毕竟，基础科目只是达到目的的手段。而且，它们是否是最好的手段最终取决于目的是什么，目的是不能被忽视的。无论在何种意义上，适应情景二社会的国家课程都要将目的放在首位。

在讨论这个问题之前，我们最后需要思考的是现行国家课程及其与工作文化的关系。在教育部和就业部合并组建教育与就业部之前，整个教育就已牢固地服务于经济的迫切需要，国家课程则使学校教育更加迎合了工作文化。我不仅想到国家课程所重视的核心科目，而且思考它如何强化了他律工作这一学校传统特质。如第 1 章所述，学校根本不存在脱离工作社会的自主领域。按照惯例，孩子们一到 5 岁便开始上学——而且越来越早，被置于完全超出他们控制或喜好的工作体制之下。虽然在低年级，玩耍、听故事等非工作形式的学习很常见，但孩子们很快就发现他们大部分的学校生活都被功课所占据。随着他们从小学升入中学，他们的作业量更大、面更广，且大部分是他律作业，现在又增加了家庭作业和准备公共考试的作业。

国家课程通过其复杂的目标体系强化了这一工作制度，尤其是有意使

107

小学更像中学，课程被严格地束缚在学科框架内。想辨明国家课程背后合理的教育目的是令人痛心又无效的，国家课程加强了工作文化是十分明显的。

如何改造国家课程以适应情景二的社会呢？在此我不做详述，只选取一些要点。奥威尔（P. O'Hear）和我在 1991 年出版了《为了全体学生的国家课程》一书，其中较为详细地介绍了新实施的国家课程（O'Hear and White，1991）。这本书并没有特别考虑与工作有关的问题，但其一般方法和大部分结论都符合我们目前所关心的问题。

以下是其中的要点：

1. 国家课程的起点应该是课程的基本目的，对此我在上文已经进行了概述。我们要教育儿童成为合格的公民，为此，必须考虑他们需要具有什么样的个性品质。这些品质包括与他人直接相关的美德，如诚实、合作、仁慈、无恶意等，也包括与个人成就紧密相连的美德，如自主、自信、献身精神以及生活中的实践智慧。我在上文指出，在道德价值与个人价值（或审慎价值）之间做严格区分是不明智的。

与个性品质相关的目的，其形成与知识的获得和理解有关。要想成为仁慈的人，你就必须了解那些仁慈的人，知道他们的特殊境况、需要和喜好。如果我们说的是对家人、朋友和邻居等生活中小范围群体的善意行为，我们就不必借助对地理、历史、经济、时事或社会学的理解，但像关心欠发达地区的贫穷人口这种全球范围内的善意关怀，就需要对这些知识有所理解。这仅仅是关于个性品质的一个例子，但我希望这些目标如路标般明显地设置在学校课程中。如果我们关注其他个性品质，如人的自主性，那我们会看到更多的路标。如果人们想成为自己生活的创造者，那么，他们不仅需要了解摆在他们面前的各种主要的选择，从中选择自己前进的道路，如艺术追求、体育、商业活动、公共服务、宗教信仰和异性朋友的选择。而且，还需要了解社会，了解社会中的各种机会和限制因素，从而才可能做出上述各方面的选择。自主的目的所要求的与工作有关的理解包括：（1）理解工作活动与非工作活动之间的区别，理解自主工作与他律工作之间的差别（这是学生理解选择的一个必要部分）；（2）对社会上的各种有偿就业的理解；（3）对国内和国际经济体系的理解；（4）对工作在文化和人类生活中地位的理解。

除了知识和理解，个性品质的养成还需要技能，这是知道如何做的一种知识类型。例如，除非孩子们知道如何读写算，否则他们就无法在宽容、合作或实践智慧的道路上走得太远。而知道如何建构某种主张、采纳和批判某些论证等逻辑技能也很重要。在这里，如同在本书其他地方所做的简短概述一样，我只给出许多例子中的一两个。

2. 请注意，我还没有提及学校学科的特征，或者说没有论及传统课程表中所列科目的任何特点。这是因为课程表中的科目只是达到目的的一种手段，是实现进一步目的的工具。1988 年的国家课程从科目着手，我们现在的论述则是从目的开始。只有到了现在，我们才能展开对学校的说明。

其一，在逐步展开讨论的时候，我们不应该认为课程表中的科目是实现教育目的的唯一手段。众所周知，整个学校的教育过程都是实现教育目的的手段。那么，我们的问题是：如何组织一所学校？如何使学校的规则和校风有助于提高学生的个性品质，有助于促进上文的第一个要点中提到的多种形式的理解和技能？

在《为了全体学生的国家课程》一书中我们对这些问题进行了更全面的阐述（O'Hear and White，1991）。

如果为了使学生成为合格的社会成员而做准备是基本目的，那么，相应地就会期望教职员工之间、学生之间、师生之间以及教职员工与家长之间的相互作用。正如我们所看到的，并非所有的学习都是以工作为导向的学习。孩子们可以通过实例来学习，通过日常经验学会如何得体地对待他人，还能学会如何勇敢但又不固执地坚持自己的观点，学会如何恰当地与他人合作、共同努力完成任务。此外，他们还能获得对待工作的态度和看法。

109

正如我们前面所讨论的，在情景二的社会中，与其他群体一样，教师的工作时间将会减少。在当今英国，如果有哪个职业团体不需要被提醒"工作"是中心，不是医护人员的话，那肯定就是学校教师了。近年来，资金紧张和国家课程给教师带来的负担是众所周知的。现在，像英格兰和威尔士教师有这么长的工作时间是很少见的。在法国、德国和其他国家，教师承担较少的工作。这是因为，如果你的工作是鼓励他人学习，你就需要尽可能地保持精神饱满和充满活力。英国人的传统一直是长时间工作，但这需要以更合适的运行方式来取代。目前的安排会对学生产生很多不利影响，不仅让教师们超负荷地工作——而且与我们主题更接近的问题是——还不可避免地每天向学生提示着：工作在成人世界居于中心地位。

如果教师的工作时间减少了，这其中的隐性课程会传递出完全不同的信息。年轻人从事教学工作的部分原因是他们想要教书，同时也是因为他们想要留在学习和艺术的世界里，他们在中等学校的最高年级和大学时就和艺术结缘了。他们中的许多人想成为学者、记者、小说家、运动员、音乐表演者、演员以及有创造性的艺术家。当申请工作时，他们可能会试图淡化长假的吸引力，但动机其实都是一样的。想象一下，如果工作方式发生变化，那么所有的创造活力都会被释放出来！他们可以全身心地投入到每天较少时间的工作中（在他们看来，如果学校让学生更全面健康地发展，他们自己也会感到生活更充实）。尽管他们仍受到谋生需要的限制，但是他们在这样的组织内所做的事情将更接近选择教学工作的初衷：出于自主的选择。他们的学生也可以直接看到自主工作是什么样的。课后，教师们会有时间发挥自己的创造性和追求其他兴趣。这必然会给孩子们留下深刻的印象，帮助他们理解一种社会图景，即这样的生活才是正常的，同时，也给学生树立了自己做决定的榜样，让学生明白在自己的人生道路上也可以像教师这样做。

学生们不仅可以从教师那里学到对工作的态度——事实上，也可以从学校管理员和餐厅服务员那里获得，而且可以从学校赋予学生自主学习的地位中习得。这主要取决于学校（也包括决定国家课程结构的政府机构）做出的决定，即是否应该最大限度地增加以工作为导向（主要是他律工作）的学习课时，还是应该最大限度地安排非工作导向（non-work-based learning）的学习形式。前一种选择将强化工作中心的观念。一所学校越是有意识地鼓励适当的非工作的学习形式，工作中心的观念就越不会被认为是理所当然。同样，我在这里不详细说明其缘由。我们已经讨论了全部学校过程中的非工作形式的学习。那课程表上的课程呢？对于幼童，我们可能需要重新思考玩中学，这是当前抨击"进步主义"或"以儿童为中心"教育的一部分（通常是合理的）。儿童一旦能够流利地阅读，他们可以通过非工作的方式从书本上学习很多东西。在成人的指导下，但很大程度上是靠他们自己，尤其是读小说时，他们可以一个故事接一个故事地阅读，不只是小说，传记和历史也同样可以变得迷人。在情景二的社会中，学校图书馆和公共图书馆将成为学习的基本场所。

  学校可以通过打破原来的平衡——从他律的课堂作业向自主的作业倾斜——来有意识地改变儿童对工作的态度。对很多儿童来说，做学校作业是受苦而不是享受。摆脱这种状况的第一步是使作业变得令人愉快。虽然做作业仍受限制，因为孩子们别无选择，必须得做，但至少完成作业的过程是有趣的。这就类似于许多成年人所做的工作，并将在情景二的社会中得以持续。第二步是当作业变得非常令人愉快时，即使它不是强制性的，学生也会自愿选择做。如果认为工作是产生出在个人喜好的序列中有重要意义的最终产品，像自主的艺术家或教师的工作，那么学生的作业可能就不是完全自主的。现在很少有儿童能处于自主选择的地位，但我建议的第二步是朝这个方向迈出的一步。随着儿童年龄的增长，他们为自我创造承担更多的责任，进入完全自主选择的情境也将成为可能。

  其二，当然，课程表上的课程是实现教育目的的主要工具。但我们不应该认为课程必须完全围绕上课的科目来安排，因为还可以在其他时间安排其他学习方式（所以，我们还没有达到国家课程专家和其他规划者所

110

145

青睐的观念）。项目学习、课题研究、主题活动都是提高个性品质和拓宽理解的途径。在 20 世纪 80 年代，个人和社会教育是学校课程中快速发展的领域，对实现情景二社会的教育目的而言，个人和社会教育（personal and social education，PSE）是一种特别有用的手段①，而国家课程是由数学这样的学校科目组成的，所以不涉及这个学习领域。也许没有必要详细说明学习科目在适应情景二社会中的地位。历史、科学、地理、数学、文学、社会研究、技术、艺术、音乐和体育都将在计划里找到合适的位置。虽然不应该像国家课程那样习惯性地预设每个孩子从 5 岁开始，每年都要学习所有的科目（国家课程中的现代语言除外）。但是，需要根据上述目的选择每门科目的具体内容，有关这方面的细节，包括对现代语言、创造性的艺术活动、宗教教育、译文中的外国文学等的评论，请参见笔者 1990 年所写的《教育与良好生活》的第 9 章和第 10 章。

我可能也没有必要在这里详细说明课程表上的课程如何促进与工作相关的目的。个人和社会教育可以让学生思考工作在人类生活中的作用，以及思考不同种类的工作在他们自己生活中的可能地位；历史和社会学可以描绘出工作文化的起源和传播；科学和技术会有助于理解文化所赖以生存的先进的工业基础。在此我不再多说这个问题，因为公民如果接受了学校的基本教育目的，那么，弄清楚不同科目和其他工具如何有助于实现其目标就并非难事。

重新安排学校日程

课程表上的课程应该占用多少上学时间？在英国，我们不常问自己这

---

① 个人和社会教育不是一个科目，而是涉及学生学习如何待人、如何关照自己的健康、如何成为好公民等内容的综合性教育。——译者注

个问题，理所当然地认为必修课应该从早晨持续到下午或傍晚，中间伴有课间休息。但在其他国家，上课时间通常较短。

　　长期以来，英国人就像对待成年人一样，将他律作业作为大多数学校儿童生活的中心。不管是否有意为之，这都使学生适应了传统的工作文化。学校的教学安排反映出工作在广泛文化中居于中心地位。无论学生们喜欢与否，他们在清醒的大部分时间里都被要求必须到学校，从事各种各样的生产性活动，做课内课外作业。如果为了学生而质疑工作中心性的预设，将有助于从整体上消除其在文化中的霸权地位：部分原因在于义务教育阶段占人生的很大一部分，另一部分原因是如果一个人早年就质疑工作中心性，那么他或她在成人世界中就能形成一种弱化工作中心的倾向。

　　尽管二十年前我没有意识到这一作用，但我在写的第一本书《走向必修课程》（White，1973）中质疑了工作中心的预设——不是泛泛地谈，而是关于学生时期的。这本书的主要内容是，在英国，我们想当然地认为5—16岁的儿童必须上学，每天上课六或七小时。但是，我们并没有问为什么这种程度的强制是合理的。据初步认定，并非如此。在其他条件相同的前提下，与成年人一样，儿童应该有做自己想做的事的自由。根据这一观点，任何对儿童自由的限制都必须要给予重新思考和解释。不难看出，有人合法地无视了儿童的自由。因为在他们看来，关心儿童的利益可以凌驾于让孩子自由地做他们想做的事情之上。教育者必须坚持让儿童学习某些东西，因为如果儿童不学，儿童自己的利益就会受到损害，阅读和写作就是其中之一。但是，儿童的培养不能只指向理智的发展，不应该培养儿童成为只关心自己幸福的人，还要培养儿童成为道德上善好的人，成为关心他人利益的人。考虑到儿童在缺乏道德教育的情况下对他人可能造成的伤害，需要进一步合情理地限制他们随心所欲的自由。总的来说，除了对自由的合理限制外，儿童应该自由地去做他们想做的任何事。这就指向了缩短义务教育的上学时间，可以保留的也许是上午时段，用于使学生专心学习，从关心学生自身利益和关怀他人的道德角度看，这至关重要。

112

午后，儿童就可以自愿参加一些活动，让他们能够追求和从事自己关注的事，但前提得是出于他们的自愿选择。促使我有这一想法的是 20 世纪 50 年代末，我在苏联看到的少先队员（Young Pioneers）的组织活动，但这里我要消除意识形态方面的目的。那时，苏联儿童每日只接受半天的义务教育，少先队员们空闲时会组成小组一起学习制造收音机或拉小提琴。

以上给出的论证梗概主要关于学生自身的利益及其对课程的影响，还没有涉及道德上的良善，后者我稍后再谈。我对于这一问题的早期论述存在许多问题，如对苏联现实的幻想、值得怀疑的审慎的与道德的两分①、对个人幸福（individual well-being）的狭隘理解，在这里就不赘述了。与目前讨论的问题更为相关的是，以质疑约束程度为起点的自由论者的理据并不充分。我认为在这些问题上，适用于成年人的原则也适用于儿童：正如我说明的，人们应该不受任何限制地做自己想做的事，这一自由原则适用于所有人。我没有进一步追问为什么我们应该接受这一原则。如果追问接受自由原则的理由，我可能会意识到，很难看到什么能使自由成为值得向往的内在善好，而自由的价值似乎在于它是个人自主活动的必要条件。但如果是这种关系，尽管自由对已经自主的人很重要，但它对尚未成为自主的人或者永远无法自主的人的价值仍是一个问题。最后，如果我们认为孩子的年龄越小，他们在自主的道路上就有越长的路要走，那么自由论者挑战义务教育的基础就越弱。

的确，考虑到自主有程度之分，而且出于教育的原因，往往需要以高于他们实际自主程度的方式对待儿童，有一种做法是，作为自主的条件给予他们适当的行动自由。随着儿童年龄的增长和自我控制能力的提高，这种自由的范围也在扩大。但是，我并没有因此而放弃《走向必修课程》的根本立场：如果不能证明义务教育是对儿童自由的合法侵犯，那就不能没

---

① 这里的"审慎的"指只考虑个人幸福或个人利益，"道德的"指关心他人，作者反思和质疑了把两者加以明确区分或尖锐对立起来的主张，认为两者很难截然分开。——译者注

有义务教育。

即便如此，义务教育也必须有其正当理由，即使其起点不是自由论者。在我看来，现在有一个论证思路（不一定是唯一的一个），即出于对儿童良好生活的关怀。当然，正如上文所述，自由论者也关心儿童的幸福生活，道不远人。如第 3 章所述，如果要促进（在一般生活意义上的）儿童的良好生活，就必须满足食物、健康、居住等基本需要。教育就是这些基本需要之一：如果孩子们想茁壮成长，过上欣欣向荣的生活（to flourish），他们就必须养成某种性格、获得各种技能、具有多种理解方式。除了从儿童自身的良好生活出发的思路，从他人的良好生活出发也是一种可能的解释路径。对孩子们来说，各种各样的学习是养成利他倾向的必要条件。

这一论点并不包括所有义务教育，只包括某种强制性的（即不可免除的）教育或教养。下一个问题是如何将这种强制性的教育分配给不同的主体——家庭、学校、媒体、高等教育机构和成人教育机构等。儿童需要何种强制性的教育，取决于哪一部分基础知识最适合在学校而不是在其他地方获得。在此，人们可能会考虑到各种实际因素：某类学习不可能在家庭中发生；需要为另一种学习打下早期基础而不是将其留给学校后的教育机构；等等。

考虑到这一切，儿童需要接受多大程度的强制性的教育仍然是一个悬而未决的问题，我们不应该从一开始就认为强制性的教育应该占据孩子们一天中的大部分时间。在英国，我们传统上一直做这样的预设，却没有充分的根据。如前所述，并不是所有国家的义务教育时段都如此长。英国儿童 5 岁开始接受义务教育，其他国家通常是 6 岁或 7 岁。英国的上课时间从上午持续到下午。其他国家——不仅是苏联，还有当代德国以及其他国家，都将学校的上课时间限制在整个上午时段，让孩子和教师有更多的时间做自己的事。

在 21 世纪，我们虽然不应该放弃这样一种认识——学校在时间管理方面应该反映整个社会的情况，但我们最好放弃学校和社会都认同的工作中心性的预设。我们需要冷静地对学校和社会中的工作进行检讨，以确定需要多少工作以及需要哪类工作。在成年人的世界中，全球的工作量都应该减少，以便让人们有更多的时间从事自己选择的自主活动。而在时间管理上，学校难以真正达到理想社会的状态。因为儿童，尤其是幼儿，还不是自主的行动者。但是，在完成那些本是由充分自主的人所做的事情的过程中，他们就是自主的行动者，这个过程能够为他们的自主做准备。亚里士多德所著的《尼各马可伦理学》的第 2 卷第一节中有一句关于德性的名言："对于要学习才能会做的事情，我们是通过做事来学习的。比如，我们通过造房子成为建筑师，通过弹奏竖琴成为竖琴手。同样，我们可以通过做公正的事成为公正的人，通过节制的行为变得节制，通过勇敢的行为而变得勇敢。"在此我们可以补充说：我们还可以通过自主的行动成为自主的人。

孩子们可能还看不到自主的良好生活的全貌，但他们可以参与一部分，其中之一是不受约束的活动，也可以从一系列选项中选择目标。如果从去意识形态和非灌输的角度看，少年先锋队活动就可能符合这一要求。想象一下，孩子们结束了一天的必修课学习后，能从广泛的选项中选择活动，这些活动包括实践性的活动、创造性的活动、运动项目以及富有学术探究意味的活动。我在《走向必修课程》中曾说：孩子们是否选择参加某一活动取决于他们自己，如果他们愿意，他们可以拒绝参加。我之所以选择这条论证路线，是因为它似乎遵循了我曾经认同的自由论者的出发点：鉴于义务教育的课程学习居于优先地位，没有充分理由在学校里强迫孩子们去做必修课之外的事。但是，在我改变了伦理信念后，坦率地走向为自主的良好生活努力而不再是为了自由后，我认为有理由让所有的孩子都参与到选择制度中，而不是给他们一个没有选择的范围（除非有充分的理由）。显然，做到这一点需要人的自主性。就像未来的竖琴手必须练习竖琴一样，未来自主的人也必须去实践，在可选择的事物中练习选择，学会权衡偏好。对此，教育者需要有意识地引导年幼的孩子。随着孩子们年龄的增长，他们变得更像自主的成年人，约束的需求将会减少，他们的活动可能会完全出于自愿。

我在《走向必修课程》中明确区分了统一要求的课程学习和少先队员活动，但是，让孩子们参与选择制度难道不会模糊"强制性"学习与少先队员活动之间的界限吗？模糊仅是一定程度上的。因为，孩子们上午上的科学课、PSE 课，与午后上的陶艺课或羽毛球课之间仍然存在很大差别。科学和 PSE 课将是不可免的：无论喜欢与否，他们都必须上。但是孩子们不是必须做黏土模型或打羽毛球，他们可以选择汽车修理或戏剧表演。的确，孩子们必须在选择系统中做些什么，他们不能提前回家。但不管怎样，从儿童心理看，他们不太可能感觉受到限制，呈现在他们面前的现象更可能是：他们具有在不同事物间进行选择的自由。

我上面集中讨论了选修课，可对于必修课还有很多要说的，为了基础学习需要保留必修课。必修课应该包括哪些，对这一问题的阐述远远多于我将在这里进行的说明。尽管我曾在第 2 章开了个头，但我确实想提出一两个与工作相关的观点，尤其是与工作中心预设有联系的观点。就目前的情况来看，在英国的教育规划中，这种长的教学日程被认为是完全正确的。教学日程是由各类活动填充的一个网格，学校课程表就是这一抽象构思的具体体现。从 5 岁到 16 岁的整个义务教育阶段可谓是一个更大的网格，是一个必须想方设法填满的庞大而又连续的时间安排。

如此，在学校或国家层面上，核心问题就变成了"如何才能最好地利用这段时间"，而不是"孩子们需要学什么"。对国家而言，这一直是国家课程建设的途径。这十个基础学科突然出现在我们面前，没有任何证据表明这些科目是经由对学生必须知道什么、必须做什么，或是对学生应该成为什么样的人等问题的反思而提出的。它们是中学"网格"——教学日程中的传统内容，而政府也只是将这种网格强加于小学。各个学科工作组在制定历史、数学等学科的教学大纲时，所做的工作是对总体框架的具体着色。别忘了他们要应对这么多学年，每学年有这么多周，每周又有这么多小时，他们提出的方案必须适合既有的特定结构。因此，为了争夺课程表上的空间，贯穿于整个课程的不同科目之间必须建立优先次序。正如我们现在所知道的，其结果是课程爆满，太多东西被塞进了网格里。《迪林报告》（Dearing，1994）把科目减少了，但和其他方面一样，其首要考虑的是"如何最好地利用可用的时间"的问题。

具有讽刺意味的是，作为最早的国家课程的倡导者和奠基人，基思·约瑟夫（Keith Joseph）爵士本应优先考虑清除他所说的课程中的"杂乱细节"，他的直觉是对的。如此多科目进入了课程，其唯一的理由是以时间填充课程表上的空间。前进道路应该从不同于此的思考开始，即要问孩子们真正需要学什么。但事实上，1988—1994年的国家课程如夏季飞蛾扑灯般，仍然充满了混乱。

促使我写《走向必修课程》的原因之一，是我深深地感到必修课里教的很多内容缺少充足的理由。科目中的大量事实材料，尤其是历史和地理中的事实材料，还有所设科目本身，都没有给出合理的理由。我不明白为什么现代语言应该是必修科目［我的同事艾伦·霍恩西（Alan Hornsey）也同样不明白（Hornsey，1969），他当时是现代语言系主任］。创造性的艺术活动也受到人们的怀疑，在20世纪60年代末和70年代初，教育理论对艺术活动在课程中的地位的说明就很牵强，没有展开过深入讨论。体育在"少年先锋队"活动中的地位似乎比必修课的地位更稳固，像木工或金工这样的实用科目也是如此。当时，体育和实用科目是课程的主要部分，至少对许多"能力较差"的男孩子来说是主要部分。

1988年《教育改革法》颁布前后的必修课程都建立在这样一种预设上，即儿童在大部分时间里都应该被限制在（他律的）学习科目上。这一点与其说是反映社会要求，不如说是工作中心观念的一个主要实例。随着工作中心观念在成人世界中式微，我们希望重新思考课程设计应该从哪里出发的问题。学校不应该仅仅反映社会，如果人们对工作的态度需要尽早发生较大的转变，那么教育系统可以和媒体一起，在引发这些转变的过程中发挥一定的作用。没有必要将学校学习安排在传统的时间表格内，政府可以毫不费力地改变学校计划。然后，政府必须更多地考虑什么对孩子的学习而言是必不可少的，这不是一件坏事。除此之外，政府甚至可以通过缩小必修课程的范围，引入一个成本可能更低的选择制度来节省一些经费。

此外，我们在第 1 章中提到的学生动机问题肯定会得到缓解，这些学生不愿意学他们被要求学的内容，而选择制度对减轻经济负担和缓解学生的心理压力都有益，特别是对提供资金支持的政府更有好处。我一直同情这样的"问题"青少年，他们的不合作源自学校的强制性安排，包括没有充分理由而又必须学习的某些科目；或者，他们经常感觉到学校并没有把学生的幸福放在心上，这种感觉事出有因。如果必修课明确地与学生自己和他人的良好生活直接相连，也许他们会发现这些课程更具吸引力。如果学生在一天的大部分时间里做自己喜欢的活动，那么这些"问题学生"会更有积极性。

1995 年 7 月，教育部被合并——这对本书的主题意义重大，组成了新的教育与就业部。同月，新任部长吉莉恩·谢泼德（Gillian Sheppard）提出了一项计划，为失去学习动力的 14 岁的青少年提供更多以工作为导向的教育。她宣称，这除了帮助孩子，还可以"同时为雇主做一些有用的事"。她还说，这些变化针对的是那些"渴望"进入职场的青少年。"你会惊讶地发现，当孩子们明白了大人对他们的要求，他们就会明白按时上学的意义，明白这不是学校强加给他们的令人烦恼的事物。"（《泰晤士报教育增刊》，1955 年 7 月 21 日）

这似乎使人们提早进入了工作优先于教育的体制。这种针对学生学习积极性不高的解决方案为努力工作提供了新的动机，但这种工作与学校的工作不同，是在"工厂或办公室的工作"。这是英国传统的最新表现——工作是生活的核心，教育从属于工作。

我并不是说在改造后的学校课程体系中不应该有工作经验，也许它作

117 为了解产业结构的一部分可能会在必修课程中占有一席之地，或者是安排在选修课中，这些选修课是针对学生意愿量身定制的，而不是强加给具有个人爱好的学生。但所有这些安排都必须经过仔细的思考，要与全面的目的和价值相结合，并且是每个学生所需"食粮"的一部分，而不是附加在不完善的内容结构上的一次性政策。

一项适当的工作经验计划可能有助于激发学生积极性。但在这里，我认为学生的积极性源自教育过程内而不是教育之外。与其他激励形式相比，工作经验没有优先地位。为什么工作就应该被认为是特别重要的呢？

为保持学生的学习兴趣，需要统一设计必修课和选修课系统。学生的实践判断力（practical understanding）包括技能（心智技能或动作技能）的提高和实践理性在生活中的运用，实践性的学习形式与理论的学习形式相结合，比传统上仅重视学术性学习发挥的作用更大，也会比只是再现乏味的事实材料更吸引学生。学校作业将完全以促进学生成为自主的成年人为愿景，因此，从一开始就要描绘和激励这一愿景。学生要获得的知识将不再像今天这样在大多数情况下与孩子的欲望无关，或者与实际情况和信息脱节[3]。围绕着对个人没有意义的知识而设置的学校作业，将不再为一生从事"无个人意义"的成人工作做准备，这一点在本书第1章最先提出过。

传统的工作态度是将十八九岁视为人生中做出基本职业决定的时期，这种观念的瓦解也会对学生的积极性产生影响。如果工作不再是生活的根本理由，那么学生选择前方道路的压力就会减轻。（正如我们前面所论述的，"生涯规划"不是自主生活不可或缺的一部分。）有些年轻人仍希望做出决定命运的承诺，但他们是否这样做将取决于他们是否作为自主的人：无论是他们自己还是其他任何人，都不会在威胁、催促或强迫下做出重大选择。

对于大多数学生来说，一旦职业方向确定下来，他们在学校所经历的学习就不会永远消失。没有充分的理由说明学术性的学习（academic learning）就如同对大多数人那样，应该局限在人生最初的十六年或二十年之内。^①正是我们对工作中心观念的依恋才促使我们这样想：当工作开始时，学术性学习就停止了。放弃工作中心观念可以让学习充盈青少年之后的人生路，学习的种子在任何需要的地方都可以开花结果。在这一点上，就像在其他许多方面一样，工作统治的终结会使我们的生活变得不那么紧张，或许部分人甚至可能变得像加州冲浪者那样闲适放松。

毕业之后的学习

118

对毕业后的学习发表评论，我是公开支持"终身学习"还是倡导"学习型社会"呢？我宁愿不使用这些术语，因为它们在不同背景下含义不同，而且它们带来的困惑可能大于帮助。一方面，它们可能被支持工作文化的传统主义者所利用。这些人认为，在一个几乎没有"铁饭碗"的时代，人们必须为频繁的、往往是相当彻底的工作变动做好准备，并为此接受所需要的再培训。还有人则采取更自由的立场，认为我们需要终身学习，不只是甚至主要不是出于经济上的原因，而主要是为了个人发展。虽然双方各有其词，但我更赞同后者，这一点也不奇怪，因为我对任何源自压力的学习都持怀疑态度。无论是出于道德上的还是其他方面的考虑，我对于人们应该在一生中不断学习的主张深表怀疑。当然，除了大脑受到损伤的人外，我们所有人都会随着经历的变化不断获得新知识。但是，终身学习或学习型社会的倡导者考虑的不止这些。另一方面，日常学习一直存在着，但终身学习的呼声是随着 20 世纪末的社会变革而出现的，在这种背景下，"学习"指的是更为实质性的成就，如学习一门课程，系统地自

---

① 学术性学习（academic learning）是相对于实践性或技术性学习而言的，在学校课程中以一定的科目出现。——译者注

学，以及在工作中获得技能。

毫无疑问，在一个不再受工作束缚的社会里，工作却需要更多的再培训，更多的成年人将比现在花更多的时间在职业学习和娱乐消遣上，但将其称为"学习型社会"可能会让人产生误解。我更倾向于达伦多夫提出的"活动社会"的概念，因为这表明了一种理想，即每个人都应该能从事自主选择的活动，无论是生产性活动还是其他活动。活动者中的许多人，或许几乎是所有的活动者，将被吸引到更具实质意义的新的学习形式中。但也有些人可能不为新的学习所动，他们可能想做他们一直在做的事情。对此，在保守派期望人人都需要学习的"学习型社会"里，他们会觉得受到了蔑视，我想这将是令人遗憾的。

我相信，关于情景二的社会中毕业后的学习还有很多可说的，但我自己就不多说了。关于父母和学校教育，我已经写了几千字，但只谈到了青少年阶段，我隐约觉得自己应该能写出多于它四五倍的内容，来公正地评述学校教育之后的人生。但是，先放下不合时宜的义务，应该优先考虑早期的安排。如果我们的目标是教育即教养，那就必须这样做。正如我们前面所讨论的，文化教育工作者追求的目标超越了儿童和青少年时期，但与年轻人的教育相比，其内容是学校留下的且是少部分人从事的事业。

虽然我像终身教育者一样设想（在情景二的社会中）成年人的学习会激增，但我认为有理由简化现在的教育结构。例如，在英国，继续教育与高等教育在行政管理上是分开的，而成人教育则位于两者之外。这种行政划分的理论依据是：见证了近年来高等教育研究的发展。这助长了高等教育自身就很独特的观点，认为其在管理体制和理智上都与继续教育不同。

我曾批评过这种论点（White，1997）。在那篇评论中，我没有指出的一点是，我们现在对学校教育之后的学习领域所做的划分，本身就是工作社会的产物。在英国，高等教育与继续教育的区别之一在于前者提供了与后者不同的工作范围，宽泛地说，高等教育提供的是职业和管理方面的工作，而不仅局限于技术层面。按传统的理解，成人教育一直属于休闲领域，而不是工作学习。因此，它与年龄较大的人尤其相关，多是 20 岁以上的人参与。继续教育和高等教育则主要面向 16—21 岁的年轻人，这是在为他们的职业生涯做准备。

当我们迈进情景二的社会时——如果迈进的话，可以预计这些分隔将变得不那么明显。教育者主要关心的应该是义务教育和后义务教育之间的区别。在这种情况下，"义务"教育包括家庭教育和学校教育。我在这里的想法是，在孩子们成为独立自主的成年人之前，他们必须在别人为他们制定的体制内接受教育。为家庭和学校建立正确的教育制度是一项重要而复杂的任务。但是，一旦年轻人跨过了服从导师合法的家长式管理与成为自主的行动者之间的界限，他们便会为自己的生活负责，他们选择的学习种类也会超越制度的要求，遵从自己的喜好。

在情景二的社会中，人们毕业之后的喜好不会屈从于工作的需要。活动将是生活的主旋律，但不一定是生产性活动。当然，仍然需要大量的不同层次的课程，这些课程是继续教育和高等教育所涵盖的诸多领域，以及尚未被包括在内的娱乐领域。但是这些课程应该如何组织，它们在什么样的结构和制度内，这些问题仍然需要解决。我们越来越没有理由要跟随目前成人教育、高等教育、继续教育之间的割裂，因为这些割裂显然与工作社会紧密相连。最好不要僵化地划分各个领域，不要像现在这样进行严格的等级划界：（1）在劳动力水平等级上的划分（比如在高等教育和继续教育这种二分中表现出的）；（2）较为重要的工作领域与不重要的休闲领域之间的区分（比如一边是高等教育和继续教育，而另一边是成人教育）。相反，我们可以设想出由不同学程、不同水平和不同重点组成的连贯的课程系列。

⑫⓪ **结论**

目前，政府、教育部门已经在学校和毕业后的教育体系上投入了相当多的精力，但并没有转到培养人的创造性的方向上，而是培育了传统的工作模式。孩子们已经习惯性地认为工作是生活的中心。随着年龄的增长，他们更多看到的是像蛇梯棋（Snakes and Ladders）般的职业棋盘，想到的更多是在职业方面取得成功。他们被鼓励和激励着去为我们在第 1 章中讨论过的"更好"的工作做准备，这驱使学生和教师为一堆证书和一张通往成功的入场券付出巨大努力。在任何改革后的体制下，都仍然存在"更好"工作的竞争，这必然会反映在教育安排上。没有空想完美主义的解决方案，但是，我希望本书的论点至少指明了我们现在可能要走的方向。不管怎样，在我们的社会生活中，工作中心性的预设已不像过去那样牢固了，逐渐降低其影响应该是可能的。随着其影响的减弱，以及人们有更多的时间用在自主关心的事务上，对"更好"工作的无谓竞争就会变得越来越没有意义；随着其意义的减少，学校和学院（包括大学和技术学院）要求学生努力学习以便为工作中心的生活做准备的压力将会减少。不同于自然时间的意义，2000 年可能不会带来千周年的纪念，但随着时间的推移，它可能会帮助我们摆脱菲利普·拉金笔下的那只工作癞蛤蟆。

注释

[1]摘自 1996 年 8 月 9 日《泰晤士报教育增刊》报道的"学校教师评审机构"的一项调查，更详细的数据显示："小学校长每周工作 55.7 小时，副校长每周工作 54.5 小时，任课教师每周工作 50.8 小时。中学校长每周工作时间为 61.7 小时，副校长每周工作 56.5 小时，部门主任每周工

作 53 小时，任课教师每周工作 50.3 小时。然而，十分之一的小学校长和五分之一的中学校长每周工作长达 70 小时。"

［2］感谢我的同事理查德·奥德里奇（Richard Aldrich）和大卫·克鲁克（David Crook）提醒我注意到教育与就业部的这份材料。

［3］参见约翰·怀特的《教育与良好生活》（White，1990）中关于"非附属的工具性知识"的相关概念，见第 120-121 页，第 127-128 页。

参 考 文 献

Anthony，P. D.（1977）*The Ideology of Work*. London: Tavistock.

Arendt，H.（1958）*The Human Condition*. New York: Doubleday Anchor.

Arneson，R. J.（1987）'Meaningful work and Market Socialism', *Ethics*, Vol. 97.

Attfield，R.（1984）'Work and the Human Essence', *Journal of Applied Philosophy*，Vol. 1，No. 1.

Central Statistical Office（1989）*Social Trends 19*. London: HMSO.

（1995）*Social Trends 25*. London: HMSO.

Chang，J.（1993）*Wild Swans*. London: Flamingo.

Clarke，F.（1923）*Essays in the Politics of Education*. Oxford: Oxford University Press.

Dahrendorf，R.（1982）*On Britain*. London: British Broadcasting Corporation.

Dearing，R.（1994）*The National Curriculum and its Assessment: Final Report*. London: School Curriculum and Assessment Authority.

Dewey，J.（1915）*The School and Society*. Chicago: University of Chicago Press.

DfEE（1995a）Press notice 210/95.

（1995b）*The English Education System: an overview of structure and policy*.

Doyal，L. and Gough，I.（1991）*A Theory of Human Need*. London: Macmillan.

Elster，J.（1985）*Making Sense of Marx*. Cambridge: Cambridge University Press.

Giddens，A.（1995）*Beyond Left and Right*. Cambridge: Polity Press.

Gough，I.（1996）'Justifying Basic Income? A Review of Philippe van Parijs', *Imprints*, Vol. 1，No. 1.

Gorz，A.（1985）*Paths to Paradise: on the Liberation from Work*. London: Pluto Press.

Grint，K.（1991）*The Sociology of Work: an Introduction*. Cambridge: Polity Press.

Heidegger，M.（1962）*Being and Time*. Oxford: Basil Blackwell.

Herbst, P. (1973) 'Work, Labour and University Education', in R. S. Peters (ed) *The Philosophy of Education.* Oxford: Oxford University Press.

Hornsey, A. (1969) 'Why teach a foreign language?', *Institute of Education University of London Bulletin*, No. 18.

Hutton, W. (1995) *The State We're In.* London: Jonathan Cape.

Marx, K. and Engels, F. (1965) *The German Ideology.* London: Lawrence and Wishart.

Moore, G. E. (1903) *Principia Ethica.* Cambridge: Cambridge University Press.

Nietzsche, F. (1974) *The Gay Science.* New York: Vintage Books.

Norman, R. (1983) *The Moral Philosophers.* Oxford: Clarendon Press.

O'Hear, P. and White, J. (1991) *A National Curriculum for All.* London: IPPR.

Pahl, R. E. (ed) (1988) *On Work: Historical, Comparative and Theoretical Approaches.* Oxford: Blackwell.

Paxman, J. (1991) *Friends in High Places.* London: Penguin Books.

Pring, R (1995) *Closing the Gap.* London: Hodder and Stoughton.

Rawls, J. (1971) *A Theory of Justice.* Cambridge: Harvard University Press.

Rifkin, J. (1995) *The End of Work.* New York: Tarcher/Putman.

Russell, B. (1960) *In Praise of Idleness.* London: Unwin Books.

Rybczinski, S. A. W. (1991) *Waiting for the Weekend.* New York: Viking.

Sayers, S. (1988) 'The Need to Work: a Perspective from Philosophy', in Pahl, R. E. (ed) (1988).

Schwartz, A. (1982) 'Meaningful Work', *Ethics*, Vol. 92.

Skillen, A. (1996) 'Can virtue be taught – especially these days?' *Papers of Philosophy of Education Society of Great Britain Annual Conference.*

Slote, M. (1989) *Beyond Optimising.* Cambridge, Mass: Harvard University Press.

Tawney, R. H. (1926) *Religion and the Rise of Capitalism.* West Drayton: Penguins.

(1966) *The Radical Tradition.* Harmondsworth: Penguin Books.

Taylor, C. (1989) *Sources of the Self.* Cambridge: Cambridge University Press.

Telfer, E. (1987) 'Leisure', in Evans, J. D. (ed) *Moral Philosophy and Contemporary*

Problems. Cambridge: Cambridge University Press.

Toynbee, P. (1995) 'Whatever happened to nine to five?' *The Independent* (Magazine Section) June 10.

van Parijs, P. (1995) *Real Freedom for All.* Oxford: Clarendon Press.

Walzer, M. (1983) *Spheres of Justice.* Oxford: Martin Robertson.

Warnock, M. (1977) *Schools of Thought.* London: Faber and Faber.

Weil, S. (1977) 'Factory Work', in Panichas, G. (ed) *Simone Weil Reader.* New York: Moyer Bell.

White, J. (1973) *Towards a Compulsory Curriculum.* London: Routledge and Regan Paul.

(1990) *Education and the Good Life.* London: Kogan Page.

(1994a) 'Education and Recognition', *Paedeusis*, Vol. 7, No. 2.

(1994b) 'The Dishwasher's Child: education and the end of egalitarianism', *Journal of Philosophy of Education*, Vol. 28, No. 2.

(1995) *Education and personal well-being in a secular universe.* London: Institute of Education University of London.

(1997) 'Philosophy and the aims of higher education', *Studies in Higher Education*, Vol. 22, No. 1.

Williams, B. (1981) *Moral Luck.* Cambridge: Cambridge University Press.

(1985) *Ethics and the Limits of Philosophy.* London: Fontana.

索　引

（本索引每个条目后所附页码为原书页码，即中文版边码）

译　后　记

2015 年岁末，我到英国伦敦大学学院教育学院访学，先于我在那里访学的首都师范大学朱晓宏教授告诉我：中国教育学会教育哲学专业委员会主任委员石中英教授，正计划把该学院教育哲学荣誉教授约翰·怀特的著作翻译到中国。在一次与约翰·怀特教授一起喝茶时，我专门问了教授他想翻译哪几本书，同时也给石中英教授发邮件，表达想参与这项有意义的工作。感谢石中英教授的信任！

2017 年，当我着手翻译时，我感觉到这对我是一个巨大的挑战，翻译既要尊重原著，还要考虑读者，从此，我对高质量的译著及译者充满了无限的敬意。

本书是约翰·怀特教授晚年的一本著作，在第 1 章讨论工作定义时，教授用了一个核心概念"flourishing"，也就是"personal well-being"，如在第 2 章开头他就明确说："I introduced the notion of flourishing, or personal well-being, in Chapter 1, when discussing the definition of work."。在第 3 章第一节教授还说："Autonomous flourishing should be distanced from two other notions which it might seem natural to build into it."。其中一个观念是关于生涯规划的，这里的"personal well-being"显然是一种生活而不是幸福，因为我们不说自主的幸福。所以，根据书中内容，我把"personal well-being"理解为"个人的良好生活"。为此，我专门发邮件请教约翰·怀特教授。教授肯定了我的理解，并说他把"a life of well-being""a life of personal well-being"和"a flourishing life"互换使用，特别强调了他所说

的良好生活的含义，即 "A life of well-being is, as we saw in Chapters 1 and 3, one in which the individual broadly meets his or her major goals in life."。这就更坚定了我把本书中 "personal well-being" 翻译为 "个人的良好生活"，有时也简称为 "人的良好生活"，而不翻译为 "个人幸福"。

第 4 章在澄清教育目的时，约翰·怀特教授提出 "Education for personal fulfilment"。根据教授的解答，"personal fulfilment" 是指 "a life of personal fulfillment"，与 "personal flourishing" 同义，故翻译为繁荣充实的生活，也就是欣欣向荣的生活（a flourishing life），是一种良好生活，故在本书中，这三种译文所表达的含义是相通的。

在第 5 章，约翰·怀特教授说："Aristotelian virtues are, indeed, primarily elements, and essential elements, of personal well-being, of *eudaimonia*. Courage, self-control and temperance help us to regulate our emotions of fear and anger and our physical appetites. Without them we would not be able to lead a fulfilling life."。这里涉及对希腊语 "eudaimonia" 的理解，根据上文可知，教授把 "eudaimonia" 理解为良好生活，不把 "flourishing" 理解为一种感觉，这与当代哲学研究的进展是一致的。在第 5 章，教授还说自己由自由论转向自主的良好生活立场来阐述义务教育的必要性，这是本书体现教育哲学研究进展的一个方面。

本书的副标题是 "A New Philosophy of Work and Learning"，从本书内容上看，约翰·怀特教授显然不是在学科意义上使用 "Philosophy" 一词的。教授在回信中说，可以将副标题翻译为 "对工作和学习新的哲学审视"。的确，约翰·怀特教授在本书中努力发挥的是教育哲学的反思和批判功能，因此，我把副标题翻译为 "对工作和学习的新哲思"。

当我问教授 "把本书献给路易丝" 中的路易丝是谁时，他说："路易丝是我们的女儿！" 喜悦、自豪之情溢于言表，细心的读者从本书中能看到路易丝成长的身影。约翰·怀特教授夫妇都在伦敦大学教育学院（2014年 12 月伦敦大学合并到伦敦大学学院）工作，夫妇俩总是一起参加教育哲学的研讨会、一起参加在牛津大学召开的英国教育哲学学会的年会。在翻译本书的过程中，我遇到很多理解上的困难，多亏了约翰·怀特教授的耐心解答。约翰·怀特教授的慈祥善良给我以温暖和力量。同时，我也深感幸运，原著者高寿健在，能引导我理解文字蕴含的文化和历史。

约翰·怀特教授在本书中围绕现代社会中的教育与工作展开了批判性的分析，涉及不少哲学家的著作，我参考了部分中译本的相关内容。沈阳师范大学课程与教学论专业的硕士研究生张婉莹、马鑫、陈彤也给予我很多帮助，在此一并感谢！

我深知自己英语水平有限，虽尽力而为，力求在理解原著的基础上追求汉语表达的流畅、易于理解，但译文一定存在很多不足，恳请读者批评指正。

迟艳杰

2022 年 6 月 16 日

出 版 人　郑豪杰
责任编辑　王晶晶
版式设计　郝晓红
责任校对　贾静芳
责任印制　米　扬

图书在版编目（CIP）数据

　　教育与工作的目的：对工作和学习的新哲思 /（英）约翰·怀特著；迟艳杰译. — 北京：教育科学出版社，2023.11

　　（约翰·怀特教育文集）

　　书名原文：Education and the End of Work: A New Philosophy of Work and Learning

　　ISBN 978-7-5191-3574-4

　　Ⅰ. ①教…　Ⅱ. ①约…　②迟…　Ⅲ.①教育哲学—文集　Ⅳ. ①G40-02

　　中国国家版本馆CIP数据核字（2023）第186688号

　　北京市版权局著作权合同登记 图字：01-2023-5495 号

约翰·怀特教育文集

教育与工作的目的——对工作和学习的新哲思

JIAOYU YU GONGZUO DE MUDI——DUI GONGZUO HE XUEXI DE XIN ZHESI

出 版 发 行 教育科学出版社		
社　　　址 北京·朝阳区安慧北里安园甲9号	**邮　　编** 100101	
总编室电话 010-64981290	**编辑部电话** 010-64989363	
出版部电话 010-64989487	**市场部电话** 010-64989009	
传　　真 010-64891796	**网　　址** http://www.esph.com.cn	
经　　销 各地新华书店		
制　　作 北京京久科创文化有限公司		
印　　刷 河北鹏盛贤印刷有限公司		
开　　本 720毫米×1020毫米　1/16	**版　　次** 2023年11月第1版	
印　　张 11.25	**印　　次** 2023年11月第1次印刷	
字　　数 150千	**定　　价** 40.00元	